和楽

永尾隆徳

天理教道友社

目次

本書は、平成11年1月から12年3月にわたって、『天理時報』のコラム「和楽」に掲載されたものをまとめました。

和楽

年賀状

立教162年1月17日号

毎年のことながら、年末年始ともなると人それぞれに多少の違いこそあれ、年賀状とのかかわりが生じる。

昨年末のお年玉年賀はがきの販売数は、過去最高の四十二億三千五百万枚で、一昨年より五千八百二十万枚増加したという。全く驚きである。日本の人口を一億人として一人四十二枚。これを自分の出した数と比べて多いと思うか、少ないと思うかはそれぞれだが、折からの不況ムードで、諸事にわたって減少やリストラが唱えられる中、この増加は興味深い。平素ずいぶんご無沙汰《ぶさた》をしている割に、いやそれだからこそ年一のあいさつ状でそれをカバーしようとする自分の気持ちに、いささかの後ろめたさを覚えつつも、やはり節季のしきたりに年の瀬の繁多の中、取り掛かってしまうのが実情である。

ところで、住所録や昨年の到来賀状をめくりながらの宛名《あてな》書きに、ふと感じたのは、年齢とともに、お付き合いや友好の顔ぶれの変化、異動が少なくなってきていることである。それは、自分自身の身の上の変化が減少していることの証左と思うのは筆者だけだろうか。若い時は身の上の異動変化に応じて、周辺の交際範囲も時としてごろっと変わる。つまり、目まぐるしく自分も周囲も変わるということだろう。本来住所録や名簿というものは、常に更新を必要とする。それを怠ると二年も経ずして、もはや使い物にならないのが名簿である。学校卒業後の同窓会名簿などはその最たるものだろう。

その点であまり変わらぬ宛先を喜ぶべきか、悲しむべきか。でも、「相変わりませず」とお願いしているのだから変わらぬことも大いに喜ぶべきだろうと自らを慰める。今年も、年一のはがき一枚で厚かましくも平素のご無礼を謝し、変わらぬご厚誼《こうぎ》をお願いしながら、変わらぬ友好の絆《きずな》がいつまでも続くことを念ずる年頭である。

人のぬくもり

立教162年1月24日号

自動化、ハイテク化が進んで久しい。最近はそれが本当に身の回りにも迫ってきて、いやでも応でも、日夜それらと対応せねばならない状況になってしまった。

例えば、会社へ行く人を追ってみよう。家を出る時は奥さんの「行ってらっしゃい」のひと言を背にして出たとしよう（それさえも望めぬ向きが多いらしいが）。通勤電車の改札口は、もちろん定期券を差し込むだけ。切符を買う場合も、行き先と料金を眺めて、それに応じた現金を入れて出てくる切符を受け取る。そうそう、たばこが切れている。これも自動販売機。ゴトンと味気ない音だけが聞こえる。ホームでも車中でも、だれとも言葉を交わさない（無口は津軽海峡北帰の人だけではなさそう）。停車案内のアナウンスも当然録音テープか電子音声。会社に到着しても、同僚が明るくさわやかに朝のあいさつを交わす、などとはとても無理な注文。コーヒーコーナーで、これまたコトンという無機質な音とともに落ちてくる紙コップに注がれる味ないコーヒーをのぞく姿もわびしい。一日の勤務を終えて、家路へ就いたとても出勤と同様。一体、生身の人と、どれほど言葉を交わしたというのであろうか。現代人は、あるいは言うかもしれない。なまじ言葉でやり取りして、不快な目に遭うよりは、機械のほうが余計な不安はない。気も使わなくてよい。ドライで結構と。

昔、『タバコ屋の看板娘』という流行歌があった。看板娘に会いたくて、小刻みにたばこ屋へ通う純情な若者を歌ったものであるが、そんな情緒は遠い過去の物語か。しかし、人のぬくもりのある言葉の交わし合いが、人間には何としても必要なのではなかろうか。よしそれが時として入れ違って不快感が残っても、あるいは口論にまで発展しても、それが人間というものではなかったのかと考え込んでしまう。

この状況は進むことがあっても、戻ることはあり得ないようである。だったらせめても家庭や親しい間柄においては、他愛ないことでも会話を尊び楽しみたいものである、とつくづく思う。

サラダボウル

立教162年1月31日号

先日、新聞の川柳欄に「長所より短所を知った仲の良さ」というのがあった。これを見て、筆者はすぐに家庭を連想した。家庭は息抜きの場である。気の張る外での仕事や人との応対に疲れた身には、何ともありがたいリラックスと癒《いや》しの場である。そこには短所をさらけ出しても許してくれる家族が居る。家庭外では時には必要以上に緊張したり、力量以上に背伸びをしたり、また見えを張ったりせねばならないことがある。そんなネクタイや裃《かみしも》を脱いで、夏ならステテコだけでごろ寝ができる安心の場である。これなくして、どうして働く意欲の再生産ができようかと思うのは甘えだろうか。

ところで、それはもとより勤め人の亭主だけのことではない。主婦も、そして子どもにとっても、家庭は母港である。主婦だって、子どもだって、それなりに港の外へ出れば荒波にもまれている。やっと帰り着いて、港で錨《いかり》を下ろせば愚痴の一つも吐きたかろう。それを受け止めるのが家庭・家族なら、甘えも無作法もお互いさまということになろう。ごみ・ほこり心の憂さの捨て所としての機能を、家庭は担っている。母港たるゆえんである。

問題はここからだ。お互いがそれを心置きなく行えば、自然に臭気は出る、乱雑に堕《だ》すことは必定《ひつじょう》。ある人の言に『家庭とは、その構成員の裏面や欠陥をいやでも応でも見せ合い、見られ合う場でもある』とある。決して奇麗事では済まされない場面でもある。それは、時として避けたくなる場でもあろう。

しかし、その中にこそ癒しやリフレッシュがあることを思えば、お互いの短所を知った上での仲の良さを、絆《きずな》として受け入れたい。それには妥協も辛抱も苦笑も、時にはあきらめも要るだろう。家庭は〝るつぼ〟ではない。サラダボウルであって、家風や絆のドレッシングにまみれ、つながる野菜たちは、個性を失わずその新鮮さも保持しているのが理想だろう。こんな家庭からは、すぐにキレる子どもは出ないと思うのだが、さてさてわが家はいかが。

生きることの厳しさ

立教162年2月7日号

かねてからテレビでは、いろんな生き物の生態の映像を見せてくれている。とても行けないような僻地《へきち》、深海や高地へ取材者が出掛けて行って苦労して撮影した映像を、われわれは茶の間に居ながらにして見ることができる。誠に便利でありがたいことである。

それにつけても、この世の中には随分いろんな生き物がいるものと驚嘆せざるを得ない。特に感じることは、環境への適応能力の見事さと、それぞれの生き物の美しさと生命力の強さ――生きる知恵といってもよい――。宇宙飛行士が宇宙空間から、天空に青く光りながら浮かぶ地球を見て「このような美しいものが単なる偶然から生まれるはずがない」と叫んだと言われるが、宇宙飛行士ならぬお互いも、少し心してみるならば、すべては妙《たえ》なる大きな力によらずして生まれ、育ち、生きるはずはないと思わざるを得ない。

そして、さらに強く感じるのは生き物同士のかかわり合いである。それは実に強烈な生存競争でもある。動物、植物の違いなく、誠に弱肉強食であり、適者生存の厳しさは時には目をそむけたくなるほどである。しかし他者を食し、養分として摂取せずにはおのれ自身が生き延びられない。しかしそれは、必要に迫られた生きる手段としてのそれである。

かつてアフリカのケニヤに出向いた時、自然公園を車で走った。ライオンの前をシマウマが悠々と歩くのを見て奇異に思って案内人に尋ねると、彼はこともなげに、空腹でない時は決して獲物に襲い掛かりませんと言い放った。しかも動物は摂取するものの範囲が決まっている。猛獣は草を食べない。牛馬は獣を捕ったりしない。

翻って、万物の頂点に立つ人間はどうだろう。あらためて言うのもはばかられるほどの貪欲《どんよく》と飽食を望む。しかもなお、何か他のものへ身をささげるということはない。この人間が、互いに争って殺し合っては、他の生き物にあまりにもすまなかろうと思う。お魚を食べても、「おいしいと言うてやっておくれ」（『稿本天理教教祖伝逸話篇』一三二「おいしいと言うて」）とのお言葉を、あらためてかみしめたい。

自制力

立教162年2月14日号

先ごろ、伝言ダイヤルが随分話題となった。伝言ダイヤルがどういうものなのか、どんなシステムで何を目的とするのか、さっぱり要領を得ない。新聞の解説を読んでも、分かったようで分からない。断片的な説明を拾い集めて、これはインターネットの電子掲示板の音声版のようなものではないか、と勝手に解釈している。まあ「当たらずといえども遠からず」というところだろう。

ところでインターネットで情報を求めていると、時々画面に警告が出る。それは当方の個人情報が知られたり、金銭的なものを請求される恐れがあるという警告である。しかし情報をさらに求めるためには、この警告を無視して進める。警告はご丁寧にも、次回もこの警告を表示するか否かを聞いてくる。要らないならチェックを入れるだけで、次からはこの警告は出ない。しかし筆者はチェックは入れないでおく。やはり何事にも警告や危険信号はあった方が良いと思うからである。たばこの箱にも、吸いすぎは健康に良くないと書いてある。あれを見てすぐに禁煙をする人は恐らく無かろうと思う。悠然とたばこをくゆらせながら、それを読んでいる人もいる。では全くの無駄なのかどうか、一概には言えないと思う。

伝言ダイヤルには恐らく警告などないのだろう。それだけに危ない側面を持つ。便利さと危険、メリットとデメリットは背中合わせである。「虎穴《こけつ》に入らずんば虎子《こじ》を得ず」というほどの大層なものでなくても、何事にも危険性はつきものだろう。それを全く恐れてばかりいては何もできない。でも人は何かを求めて歩き始めると、落とし穴にも気づかずに突進しがちだ。警告や危険信号が必要なゆえんである。それは時として誠にありがたいものである。

けれども、結局、警告を受け入れるのは自分自身であり、無視した結果として過ちの淵《ふち》に落ち込むのも自分であることを常に知るべきである。自制には勇気と意志が要る。安易に利用できるものが極度に増えた時代ならばこそ、自ら踏みとどまる自制力を持ちたいものだ。

流行

立教162年2月21日号

今冬もインフルエンザの流行が報じられている。特に子どもと高齢者が重くなりやすく、集団生活の場で猛威を振るっている。その死亡報道には胸が痛む。早くおさまってほしいと思う。

ファッションや言葉といった生活様態の流行が広がっていく様子も、まるで流行病と同じだ。一部の商業主義によって広められるものもあるが、これとて別にだれも強制してはいない。否、むしろだれかが強制でもしようものなら、たちまち拒否されるたぐいのものだ。にもかかわらず、あっと言う間に広がり、よく言われる「猫も杓子《しゃくし》も」の状態になるまでの時間は、時代とともに早くなっているように思う。

最初に流行の元になった人は、独創性に優れ、しかも世間の評価などは気にしないある種の勇気ある人に違いない。例えば、ルーズソックス。これも、だれも彼もが履くようになった時、それはもはや〝ダサイ〟のだそうで、早くそれから脱却しないと笑われることになるらしい。つまり早くそれをやった人が洗練されたグループで、乗り遅れる人は野暮《やぼ》ったい人ということになるらしい。だから先駆者は常に新しいものを考えなければならないし、フォローする人も常に状況判断を誤らぬよう、世の流れに敏感でなければならないという。何ともご苦労というか、忙しいことといわねばならない。

それでも最近の日本では、ブームや流行への過剰な反応は鈍くなってきており、寿命も比較的長いという話だ。先日、妻が孫にいろいろ聞き出していた。とても難しいことが多いので、「おばあちゃんはとてもついて行けないわ」と言ったら、すかさず孫は「ついてこなくても良い」と言った。そういうものかもしれないが、できることなら、はた迷惑な流行は早く終焉《しゅうえん》を迎えてほしいし、そうでないものはあまりに早く過ぎ去らずにじっくりしてほしいと思う。自分に合ったものへの模索と落ち着いた対応があってこそ、独自性とか個性化ということが成り立つのだから。

お帰りなさいは良い言葉

立教162年2月28日号

十数年も前のことだが、アフリカのある都市から帰国の途に就く時、日本の航空会社の便を利用した。タラップを上がり機内に足を踏み入れた途端、「お帰りなさい」というフライトアテンダント（スチュワーデス）の日本語に驚いたことがある。

今さっきこの国の通関を終えたばかりで、理論上では無国籍の空間にあるのかもしれない。だからロビーでは免税品が売られている。けれども現実に、身は日本を遠く離れたアフリカにあるのに、さあこの機内はもう母国日本ですよ、「お帰りなさい」と迎えてくれたのである。驚きは一瞬に何とも言えない安堵《あんど》感と喜びに変わったことを今も思い出す。短時日の旅行者でさえこうなのだから、長期滞在の商社マンたちが帰国に際して他の航空会社もあるのに、わざわざ日本の航空会社を選ぶ気持ちはよく分かる。

国際派を自認している人でも、母国、祖国は理屈を超えた大きな力をもって人を惹《ひ》きつける。人類のふるさとおぢばは、すべての人を「お帰りなさい」と迎え、すべての人が万感込めて恋い慕うおやさとである。私たちお道の者は、おぢばと聞いただけで何とも言えない懐かしみを覚える。「このもとをくハしくきいた事ならバ　いかなものでもみなこいしなる」（おふでさき一号5）。成人とともに尊さ懐かしさが深まるのがおぢばである。さらに遠く離れ、あるいは長期間にわたって帰っていない人ほど、帰りたい思いはひとしおのものがある。事情や身上《みじょう》で帰れない人にとってはいかばかりの思いであろうか。

　教会や布教所は、いつでもおぢばへの門戸でなければならない。会長や所長が、〝おぢば直行便〟の機長なら、夫人や役員はさしずめ「さあ帰りましょう、お帰りなさい」と迎え入れるフライトアテンダントであるはず。きょうもひっきりなしに帰参便はおぢばを目指して飛んでいる。

素朴な祈り

立教162年3月7日号

　ある農村の教会へ参拝した夜、今は珍しい囲炉裏《いろり》を囲んで亡き前会長の話が出た。前会長の甥《おい》で、東京の大学を出て一時は地方議員をやったという人がしみじみと語った。

　私（＝彼）が大学の夏休みに帰省した時、叔父は駅まで迎えに来た。柳ごうりを担いで前を歩く叔父は、農業もしていて、薄汚れた着物を尻《しり》っぱしょって歩く。途中手鼻をかんだり、立小便したりである。擦れ違う人には私を誇らしげに紹介するが、私はむしろそんな叔父が恥ずかしかった。なんという泥臭い人、〝これが会長か〟とも思い、信仰についても平素からの懐疑心は強まる一方であった。

　その時、急に叔父は立ち止まった。今度は何を始めるのかといぶかっていると、荷物を置き、からげていた裾《すそ》を下ろし、腰の手ぬぐいでほこりを払った。広い野原には草を焼く煙がたなびき、遠い西の山に日が沈もうとしている。悠然と流れる川の土手にあって、叔父は夕日に向かって手を合わせて目を閉じた。しばし微動だにしなかった。その姿には気安く声を掛けられないような厳しさが漂っていた。私は、衝撃を受けた。学問としての宗教や信仰はいささか知ってはいるつもりであったが、生きた信心を、素朴な祈りを眼前にして、ただ息をのむ思いであった。私の叔父に対する思いはこの時から変わった、と述懐して懐かしそうに壁に掛けられた前会長の写真を仰ぎ見たのである。

聞き入る人々一様に黙してうなずくのみだった。私はかつて耳にした、明日まで会えぬお日様に名残を惜しんで、おやしきの廊下で手を合わされたという増井りん先生（本部員）の逸話を思い浮かべていた。囲炉裏の火は人それぞれの思いを暖めるかのように、赤く燃え続けていた。

慎み

立教162年3月14日号

最近耳にしなくなった言葉は多いが、その中に「お天道《てんとう》さまに申し訳ない」あるいは「世間さまに済まない」という言葉があるように思われる。

世間体を気にしていては何もできないという意見もあろう。しかし「世間さま」という場合は単に世間体、他人の目を気にしているのではないように思う。お天道さまも世間さまも、もっと大きな、目に見えないものに対する畏敬《いけい》の念からの思い入れのようだ。それは他人の目など問題でなく、むしろだれが見ていなくても、知らなくても、自ら慎む気持ちを表している態度・言葉ではないだろうか。

ある文学者の言葉に「現代というのは、人間が人間を尊敬せずとも済むという思想もしくは機能を含んでいるようである」とある。確かに、日常の生活においても、どれだけ人を尊敬し、あるいは畏敬の念を持って接しているだろうか。この点は随分様変わりしたと言わざるを得ない。昔の「三尺下がって師の影を踏まず」にまで戻る必要はないが、せめて何か教えを受ける人に対しては、もう少し尊敬の態度があってもよいのではなかろうか。講演中にも、私語は絶えず、飽きたら堂々と中座する。学級崩壊などは一体どんな状況なのか。報道だけでは想像もできないが、先生方もさぞかし大変だろう。

友達同士のような親子、同僚と変わらない師弟の間柄も、時代の申し子かもしれないが、とどまるところなく進むとみんな気随気まま、勝手放題の世になってしまいそうである。時あたかも世紀末といえど「世も末」と言われるような人間関係だけは避けたい。今こそ慎みを取り戻したいものである。慎みは本来、大いなるものへの畏敬と、自らの謙虚さの中から生まれるものではなかろうか。

人のため

立教162年3月21日号

福祉関係の仕事をしている人から聞いた話だ。不幸にも経済的に失敗して、その日暮らしに陥った人々のうち、妻子など家族のある人は、一人暮らしの生活より一段と厳しい状況にある。しかし、不思議にそういう人の方が、身軽な単身者よりその境遇から脱出する率は高いという。

志賀直哉がまだ無名のころに詠んだ歌に、「みどり児は今宵《こよい》も膝《ひざ》に眠りたり　貧しき親を親と頼みて」というのがある。父親の大きなあぐらは、幼子にとって、何よりも居心地の良い安住の場所。何の屈託もなく、安心し切ってわが膝にスヤスヤと眠る愛児の寝顔を見ては、親たる者、甲斐《かい》性あろうがなかろうが、何としてでもこの子を幸せにせずにおれないと、切ないまでもの意欲と責任感が湧《わ》く。

独り身なら、どんな境遇でも自分自身の覚悟で「ええい、ままよ」と開き直ることもできようが、弱い者、守るべき者を抱え、頼られる身ともなればそんなことは許されまい。石にかじりついてでもという気持ちが、苦境から脱出する力ともなる。一人口は食べられないが二人口は食べられるなどと、昔の人はよく言った。人間の生きる力の不思議さか。

やはり人は、いくつ何十になっても、だれかに手を差し伸べ、だれかから頼られる立場に身を置いてこそ、生きる意欲を持ち続けられるということであろう。あるものの本に、家族がビス一本の緩みさえ直し得ず頼ってくるのをうんざりする亭主も多いが、さりとて家族が何もかもどんどんこなしてしまって、出番のないのも寂しいこと。老化防止、ボケ予防のためにも、頼られる身の幸せを喜べ、とあった。定年になろうが、老齢となろうが、いまだ何かの役に立つことのできる自分を常に発見し続けたいものである。「人のためつくすよろこびひろげよう」は少年会だけのスローガンではないはずである。

人生の支え

立教162年3月28日号

世の中にはすごい人もいるものだ。先ごろ九十六歳で定時制高校を卒業した人がいる。それも病気の奥さんの世話をやきながらの通学の結果である。全く脱帽したくなる。報道によると、進学の機会を得られず、いつかは高卒の資格を得ようと思い続けてきたという。しかし、そういう境遇の人なら、必ずしも少なくないだろう。なのに、百歳を目前にしてひ孫のような若者たちに交じっての勉学を支えたものは一体何だったのか。単なる向学心だけでないはずだ。

学歴社会で、高卒でないことでの屈辱を生涯味わってきたという言葉に、重いものを感じる。彼は言う。金《きん》は金と認められるが、人間は学歴によって金でも銀としか認めてくれない、と。確かに品物ならば、その物自体の価値を冷静に的確に見定められるが、人の場合は学歴、立場、肩書きなどを勘案して評価しようとする環境がある。有名私立校への受験が「お受験」と、丁寧語扱いしてまで人生の一大事と考える世の中は決して正常とは思えないが、そうせざるを得ないものがあることも事実である。

それにしても、今さら学歴をつけてみても再就職の機会が、あるいはその気持ちもないだろうに、何が何でも通学し通した、この人の強さは半端ではない。何かをなし遂げようとすれば、やはりそれを支えるものがなければならない。彼の場合は屈辱の思いがそれに当たるのではないだろうか。しかし卒業証書を受け取る笑顔をテレビで見て、もはや支えは何でも良かったのではないかと思いたい。何はともあれ、さわやかに拍手を送りたい。

強い踏み切り無くして高くは飛べないし、心に秘め、人にも言えぬ厳しい〝支え〟や時には敵対心のようなものが無くては、長続きする忍耐・努力は持ち得ないものである。競争社会に明け暮れて身を損なうのも問題だが、あっさりとあきらめてしまっては何も生まれないことも確かである。こういうところが人生の難しさでもあろう。

一日の区切り

立教162年4月4日号

　街を歩いていて、時間に余裕があれば本屋に入るのが一番だと思う。飲食店や百貨店、スーパー以外に、割と長時間いられるのはここだけのようだ。専門店で品物（本）を手にとって、しげしげ見ていても店員が話し掛けてこないのだからありがたい。

　でも困るのは、本の種類があまりにも多くて、それに圧倒され、迷いを来すことである。そこで、ついつい新刊コーナーをのぞくことになる。大抵そこには今週のベストセラーが展示してある。ご丁寧に売れ筋順に番号札を付けて、本を並べている所さえある。人によってベストセラーは決して買わないという〝あまのじゃく〟も結構多いそうだが、世の中の傾向を知るための展示と思えば、また一興だ。

　先般来『小さいことにくよくよするな！』（サンマーク出版）という本が、だんだんランクを落としながらも、長い間ベストテンの中に踏みとどまっていた。この本がタイトル通りの内容でここまで売れるのは、小さいことを苦にする人がそれだけ多いということの証明のような気がして、筆者もいささか気を良くしていた。だが、こんなことが気になるのは、そもそも気の小さい証拠と言われそうだが、分かっていても直らないのが性分というものである。

実を言うと、ベストセラーになるまでに、いち早くこの本を買って読んだのである。読んでみて、これも特効薬ではないことが分かった。けれども、その中のある章に、「毎朝何かに、誰《だれ》かに感謝すること」は楽しい一日を送るために大切、と書かれていたのが印象に残っている。しかも、毎朝感謝する対象を持っている人は幸せである、ともある。実際、朝夕に、祈り、感謝をささげる場、時を持つことは、何ともありがたくうれしいことである。一日の区切りであり、けじめともなる。

家　族

立教162年4月11日号

敗戦後、家屋が不足していた時には、家族どころか親類縁者まで同居していた。しかし今では、核家族は普通で、それも夫婦だけ、さらには独居老人の家が増えている。それはある意味で、豊かさやゆとりの表れかもしれないが、独居での急病や不時の災害による孤独死は問題だ。とはいえ、こうしたニュースを耳にしても、人間は割と他人のことには、切迫感を抱かないものだ。しかし知人やつながりのある人がそういう事態になれば、事の重大さ、哀れさに心が痛む。全くの天涯孤独の身の上ならともかく、別居家族も多くいたのになぜ通報できなかったのかと、家族でなくとも悔しさが残る。

現代は濃厚な接触を嫌う傾向にある。軋轢《あつれき》や互いの気疲れを避けるため、というのも理由の一つと言われる。そういえば「金持ち喧嘩《けんか》せず」という言葉もあった。離れた個室を持っていれば、喧嘩しなくて済む場合もあることは否定できない。

「スープの冷めないほどの距離に住むのが良い」とはよく言われるが、だれもがそうそう都合よくはいかない。そんな中、今は通信手段やそれを使う機会が急速に増えた。それはいささか煩わしいほどで、電話やインターネットでも、知らない人からの連絡で困ることがある。その一方で、顔も知らない他人と通信し合って、結構楽しんでいる人が多い世でもある。

離れればなれになればなるほど、何とか強めたいのが家族の絆《きずな》ではないだろうか。核家族はもはや大家族には戻らない。地球規模で散在する家族だって少なくない。けれど、せめて連絡と連携は常に保持したい。機械を通してのそれであっても、その向こうに人がいる、家族がいると確認し合うのは楽しいものである。「便りの無いのは良い便り」は、現在ではいささか危険である。

陽気志向

立教162年4月18日号

今年も三月に季節外れの雪が降った。雪といえばこんな句がある。「我が物と思えば軽し傘の雪」。冷たく嫌な雪さえも、わが身の物と思えば苦にならぬという。誠に勝手なもので、人は我欲に捕らわれると物の価値観も変わる。これに類したことわざや格言は多い。

人の花は赤い。あばたもえくぼ。ついには、惚《ほ》れて通えば千里も一里、にまで至る。人の心によって物事はかくも変化するもののようである。千里一里などの度量衡は、いわば万国共通で寸分違ってはならないものである。これが狂えば大混乱を起こし、経済社会は成り立たない。にもかかわらず、わが身に感じる時は確かに変わる。時には長く短く、重く軽く、うれしくつらくなるのだから、始末が悪い。テレビを見ていても、興味ある番組ほど知らぬ間に時は流れ、時たま入るコマーシャルを実に長く感じる。ほんのわずかな時間なのに、長く煩雑に思ってしまうのは否めない。

このように、物としてある程度固定したものでさえ、かくも変化するものを、複雑な人間関係、環境や境遇ともなると、どのようにも変幻自在である。ある人にとっては幸せでも、別人には不幸とも映る。世の中はどうせそういうもの、と割り切ってしまうのも処世術かもしれない。だが、実際の社会生活を営む場合には、そうとばかり言っておられない場面が当然出てくる。だからここは心の持ちようを積極的に変えて暮らしたい。

『天理教教典』にも、「見えるまま、聞こえるままの世界に変わりはなくとも、心に映る世界が変わり、今まで苦しみの世と思われたのが、ひとえに、楽しみの世と悟られてくる。己が心が明るければ、世上も明るいのであって、誠に、『こゝろすみきれごくらくや』と教えられている所以《ゆえん》である」（第八章）とある。

かしもの・かりもの

立教162年4月25日号

最近は聞かなくなったが、以前は結婚式の披露宴でよく「夫婦は一心同体と申しますから……」というスピーチがあった。聞いていて、そうなら便利だがなあ、といつも思ったものである。もしも同体なら私など、冬の夜中には決してトイレに行くまい。隣に寝ている家内を揺り起こして、代わりに行かせる。風邪をひいて楽しい行事への不参加もあり得ない。まあ、たまにはこちらが代わることもなければ恨まれようが。また、世に医者嫌いは結構多い。知人に極端なのがいて、体調を崩し、夫人が診察を受けるように盛んに勧めるが、一向に聞き入れない。ついに「そんなに言うなら、おまえが行って診てもらえ」と言って、夫人をあきれさせたという。もし代わりに行ったら、お医者さんの方が熱を出しかねまい。

お道では、信仰は「一名一人」と教えられ、「おふでさき」に「をやこでもふう〳〵のなかもきよたいも　みなめへ〳〵に心ちがうで」（五号8）と仰せいただいている。血を分けた親子、あるいは二世を契った夫婦でさえも、心は銘々に全く違うのだと示される。

また、身体もかしもの・かりものと、ひと口に言ってしまえば全く同じように思い込みやすい。なるほど人種、民族が違い、顔色髪色に差はあっても、人間である限り外形の道具はもとより、内臓もみな同じものを同数もっている。しかし顔立ちは微妙に違い、指紋に至っては同一はないという。決して規格品や部品のようなものではなく、銘々個々人のかりものなのである。

臓器移植医療において、最大のネックは拒絶反応であるといわれていた。身体の一部といえども、その人にしかない特殊性、独自性がある。それが他に移されたとき、相互に拒絶し合うのであろう。身体のどの部分においても存在するこの特殊性、独自性こそ、一名一人にお貸しくださったその人そのものであり、他人をもって置き換えられない個性である。ここに、何にもまして、自分個人へのかしものありがたさと、そして、かけがえのないかりものの貴さを感じずにはおれない。

満足を忘れがち

立教162年5月2日号

経済不況が叫ばれて、もう何年になるだろう。産業界も生き残りをかけ、必死で経費節約に努力しているが前途は厳しいという。物を作れば売れた、少々無理して借金をしても利益を上げて返せばよい、という感覚はもう通用しない時代となったのだろう。このことは企業や団体ばかりではない。私たち一般庶民も、知らず知らずのうちに世の風潮に流され、贅沢《ぜいたく》品や別になくてもよい物まで買い込んでいることを反省せねばならない。若者の自己破産が増えているというが、それすら生活に困ってのものとは思えない場面が多い。

昔に比べて確かに豊かになった。まさに天地の差ほどの暮らしをしていることにだれもが気付く。けれども豊かさにふさわしい心の喜びや躍動が伴っているだろうか。何かもっと良い事がありそう、自分は恵まれていないのではないかと、落ち着きどころのない不満足感に、日ごろ終始している人が多いのではないだろうか。

今は多くのものを得た。けれども、物心両面で喜ぶ、満足するという尊いものを失ったことにも気付かねばならない。いったん上がった生活のレベルを下げることは至難の業かもしれない。だが、身の回りをじっくりと見つめ直すのも無駄ではあるまい。結構余計なものに心を煩わしていることが分かる。手に入れることばかりを考えないで、今有るものを喜びをもって活用することを忘れてはなるまい。

さらに理想的なのは、必要なときに必要なものを与えていただけることだが、どうすればそうなるのか。それは天への貯金を積み重ね、徳を積むことと教えていただいている。今、世界は大きな曲がり角を迎え、人間のあり方の反省を求められている時代でもある。教祖《おやさま》は「よいもの食べたい、よいもの着たい、よい家に住みたい、とさえ思わなかったら、何不自由ない屋敷やで。これが、世界の長者屋敷やで」（『稿本天理教教祖伝逸話篇』七八「長者屋敷」）と仰せられた。これはもちろん親里のことであるが、広く解釈すれば、どこにいても心一つで何不自由ない暮らしができることを教えてくださっているのである。

身勝手

立教162年5月9日号

　本年初秋から「ようぼく躍進地方講習会」が始まる。筆者がかつての地方講習会に、講師の一人として出講した時のこと。自宅から駅に急ぐ道中、車の渋滞に巻き込まれた。さあ大変。予定の列車に乗り遅れたら、講習会に間に合わない。そんなことになったら、参集の大勢の方におわびの仕様もない、と気が気でない。車は遅々として進まず、発車時間は迫る。もっと早く出れば良かった、と後悔しながら腕時計を何度ものぞく。経験者なら分かってもらえる心境である。

　やっと駅にたどり着いて、階段を駆け上がる。何と既に定刻を二分も過ぎているのに、目当ての列車はまだホームに止まっていた。自分の時計が進んでいたのかと思いきや、ホームの時計もやはり定刻は過ぎている。一体どうしたことか。何はともあれ、これで間に合う、迷惑もかけないで済む、と思って座席に座り込んだ。その時アナウンスがあり、「電気系統の故障のため、発車を見合わせています。いましばらくお待ちください」。

これぞまさにご守護、ありがたい、と思わずお礼を申し上げた。

ところが、そのあと二分たち、五分たっても列車は動かない。だんだん変な気持ちがわいてきた。「何をしてるのだろう、早く発車を」という思いである。つい今しがた「時よ止まれ、発車よ遅れろ」と、念じたのはだれだったのか。数分前には「これぞ天の恵み」と喜んだのは何だったのか。この時ほど自分の身勝手さを情けなく思ったことはない。人間とは（いや、人ごとにしてはならない。「私は」と言い直そう）こんな心しか使えないのかと思うと、自己嫌悪に陥った。こんなことで、どうして人前で講話などできようか。走り去る景色も目に入らず、しばらく反省のひと時であった。

だれしも、自分のために宇宙があり地球が回っている、などという傲慢《ごうまん》さは持ってはいないだろう。しかし、それに近く、それにつながる思いと行動をしてしまいがちである。しかも、それに気付かずにいることが、さらに問題である。変転極まりない勝手心に、常に気を付けたいものである。こういうことも〝慎み〟の一つと思う。

苦労は鍛え

立教162年5月16日号

「丈夫であることは〝欠陥人間〟をつくりやすい」と言われる。一瞬戸惑う人も多いだろうが、身体の弱い人や苦労した人は、この言葉にある程度の理解ができるだろう。昔から「柳に雪折れなし」という諺《ことわざ》がある。硬い松の木の枝が大雪で折れている時でも、柳は曲がるだけで、やがて雪が溶けたら元通りになる。弱いものは強い。強いものは弱い、という逆説が成り立つ。健康に恵まれ、病気をしたことがない人は、いざという時に意外にもろいと言われている。変な言いぐさだが〝病上手の死に下手〟なども言う。

身体だけではない。苦労なく幸せに育った人。失敗をしたことのない人。勉強しなくても頭の良い人などが〝欠陥人間〟になりやすいそうだ。人間は何か一つの成功をすると、大きな自信を持つ。しかし、自信はうっかりすると過信になりやすい。信長の偉さは、桶狭間《おけはざま》での奇襲を過信しなかった点にあると歴史家は指摘する。有名なオートバイメーカーでは「ヒット商品を開発した人には、その後しばらく商品開発の担当はさせない」との決まりがあるという。発展する会社は人間の性質を見抜いている。筆者がかつて出版の仕事をしていた時、よく聞かされたのは、校正作業で大きな誤植を発見したその直後に、ミスの見落としが多いということだった。

世の中平和で、豊かで、快適で、その上トラブルが無く、健康に恵まれたら、どうしても精神が軟弱になってしまう。昔は求めて苦労しなくても、自然に辛抱や苦労が付きまとっていた。それが、ある意味では鍛えになっていたとも言える。現在はだんだん長寿の人が多くなったが、考えたら、そういう人は若いときに自然に鍛えられていた。また、いろいろの病気にも耐えてきた人が多い。それと比べると、果たして現在の若者が将来、長寿を保つかどうかは疑問だ。健康なのに、わざわざ病気になる必要はない。便利で豊かなのに、強いて不便や貧しさを求める必要もない。でも、良いもの、強いもの、人に感動を与えるもの、少々のトラブルに負けないもの、というのは、楽々の中からは決してできてこないのも事実である。

信仰というものは自分自身で感動する。また、人にも感動を与えるものである。そういうものがどうして楽々の中に得られるであろう。やはり年限をかけ、たんのうし、苦労をする中から身につくと教えられている。

連係の中の孤独

立教162年5月23日号

先日、ある高原へ足を伸ばしてみた。車で簡単に行けるほどの所だ。それでも街中の騒がしさから離れると、渡る風と野鳥のさえずりが心地よい。ところが、ここでも携帯電話で盛んにしゃべっている人がいる。聞くともなく聞いていると、緊急の用事ではなく、こちらからかけたものらしい。「今、高原に来ているんや。静かやで」。思わず「あんたがやかましいのや」と言いたくなった。現代人は寂しがり屋なのか。それともだれかと常に連絡をとり、話をしていないと不安なのか。

かつて「スパイ大作戦」というテレビ映画があったが、あれは連絡の美学であると言った人がいる。寸秒の行き違いも許されない緊迫したスリルが魅力であった。アクションなども、現代人の連絡、連係の感覚に訴えるものがあった。

通信・情報機器の発達と普及は、誠にすさまじい。家族の中で、何人もが携帯電話を持っている。電話の呼び出し音で、居合わす数人がかばんの中の電話機を取り出す光景は常時のことで、もはや滑稽《こっけい》とも思わなくなった。部屋ごとにテレビが置かれ、しかも朝起きるなりスイッチを入れ、だれも居なくても映像は流れっ放しである。気付いて消しても、またついている。そればかりか、ハイキングなどに行っても、耳からヘッドホンを離そうともしない若者たち。何のためのアウトドアかと思うが、それは要らぬおせっかいとなるらしい。いやはや、お忙しいことである。

だが、考えてみれば機械音、人工音がなければ落ち着かない身になってしまったのかもしれない。その傾向は程度の差こそあれ、老若男女を問わぬ。そのくせ案外、孤独感を皆持っている。クモの巣のような連係の網の中にあっての孤独と寂しさ。これも現代病の一つなのであろう。ときには自然の音の中に身を置いて、無想の境地に遊ぶことも必要ではなかろうか。

ひながた

立教162年5月30日号

新幹線がまだ無かったころの話。関東にある教会の会長は毎月、各駅停車を利用しておぢばへ帰参していた。ある時「どうして急行に乗らないのか。急行の方が体は楽だろう」と尋ねた。彼は「料金を余分に払って、乗っている時間は短い。理屈に合いませんな」と笑うだけ。既に老境に入っているその人にとって、疲れるということから推し量っても、なぜ数百円のお金を惜しむのかといぶかった。しかしそれは表面だけの話であった。なぜなら、彼はおつくしに関しては実に徹底して財布の底をはたき、さらに布教活動には惜しげなく物やお金を投じるのが常であったからだ。

無駄に物やお金を費やすことを惜しむのは、決してほこりにならないと教えられる。教祖《おやさま》は一枚のしわ紙をも伸ばしてお使いになり、お日さまが昇れば警察署であってもランプの火を自らお消しになった。

その教会長が神殿普請を始めた時、所属の違う教会の信者で会社の社長をしている人が、建築資金の提供を申し出た。不思議に思って訳を尋ねると、社長は「私は以前、あの人のことを何と〝けちくさい人〟だろうと思っていた。だが彼こそ、本当のお金の使い方を知っている人、いや教祖のひながたを素直にたどろうとしている人だと、ある時気が付いた。こういう人に使ってもらったら、私のお金も生きる」と答えた。ところがこの教会長は、所属の違う人からのお金は頂けない、一時お借りするが必ず返す、と言って、後日返そうとした。だが、社長は返してもらう必要はない、と言って受け取らない。筆者はそのお金を預かって、両人の名前でお供えをした。

歳月が流れ、早くもお二人の三十年祭を勤め終えた。しかし今もそのことを思い起こすたびに、温かくもすがすがしい気持ちが胸にあふれる。

喜びは苦労の彼岸に

立教162年6月6日号

　農村にある教会を訪ねて、客間に招じ入れられた。窓の外は一面、刈り入れを待つばかりの黄金の稲田である。「今年も豊年ですね」と言えば、かつて農業もしていた会長は昔の農作業の厳しさを語りながら、「私は十七歳の時に、親父《おやじ》からよく頑張ったと菜っ葉ズボンを一本買ってもらいました。あの時はうれしかった」と、ほおを緩めて昨日のことのように思い起こしている。もはや七十歳を超えているから、五十余年も以前のことである。考えれば何と慎《つつ》ましい話ではないか。今の若者に言えば、〝ばかみたい〟と、一笑に付されそうである。けれども喜びとか、感激とかは、それ自体、非常に個人的なものでもあろう。

　小生にも覚えがある。天理中学校に入学した時、父は腕時計をお祝いとして買ってくれた。当時十七円の普通品であるが、その時のうれしさを今も忘れない。時計の形もほぼ覚えている。以降、小生の腕には何個の時計が付けられ、外されたことか。しかし、ほとんど記憶にないし、感銘も残っていない。

豊富にあるものには、人は価値を見いだしにくい。「湯水のごとく」とは、ふんだんにあって、惜しげもなく使うことの例えである。ところがかつての貴重品、贅沢《ぜいたく》品が、今では使い捨てとなった。腕時計しかり、カメラしかりである。豊潤の中の貧しさ、喜びの少なさを感じざるを得ない。

何でも有り余る世にあって、長く記憶に残るような喜び、感激を味わうことは少なくなってしまったように思う。こんな時代に心躍る感銘、感激を味わえるのは、何かの苦労や努力の〝向こう岸〟でしかないのではなかろうか。

見識

立教162年6月13日号

かつては、お江戸八百八町、浪速八百八橋、京は八百八寺、と言われていた。八百とは元来、数の多いことの形容だが、京都の場合、実際には千五百余も寺があるそうだ。従って京都への修学旅行では、どうしても社寺の拝観が多くなる。あるお寺では案内前に、拝観者に一席の説法をする。当然、旅の楽しさ、解放感に浸っている中高生にとっては、あまりありがたくない。つい私語やふざけが出る。中にひどく騒いだ高校生の団体があった。お坊さんはついに「あなたたちは聞く耳持たぬ人々とみた。このあと寺の中を巡拝されても無駄と思います。このままお帰りいただきたい」と言い放った。引率の先生は困ったが非はこちらにある。そのまま引き下がった。

これも一つの見識であろう。拝観料さえ払えば何をしていても見過ごすというのでは、あまりにもふがいない。ところが、これには後日談があった。その年の夏休みに、数人の生徒がその時のお坊さんに会いたいとやって来た。寺では抗議に来たのかと思ったが、彼らは「あの時、一番騒いだのは僕たちです。放り出されて、その時は腹が立ちましたが、あとで反省しました。何をしても注意しない大人が多いのに、厳しく叱《しか》られて心に残りました。きょうはあらためてお話を聞きに来ました」ということであった。枯れ山水の庭を望む一室で、老僧と若者の静かなひと時が持たれたという。

筆者がかつてお寺の名を冠した某温泉に遊んだ時、浴後の散策で寺の山門前に至った。山内からにぎやかな観光客の一団が出てきた。見れば浴衣がけで既にお酒も相当お召しのようである。口々に何かぼやいていなさる。どうやらお堂へ入るのを断られたらしい。「こんなことではこの寺は駄目だ」と言っている人もある。

その一団を見送りながらふと見ると、門の脇《わき》に古びた石碑が立っていた。だいぶ文字が風化していたが「葷酒《くんしゅ》山門に入るを許さず」と訓《よ》めた。ここにも古寺を守る気骨の僧あるを知り、一陣の涼風に出合った気分がした。

人見て諭し

立教162年6月20日号

筆者がまだ若いころ、裕福な家庭の老婦人が孫を連れて教会に参拝に来られた。帰り際、神殿の玄関まで見送り、ふと見れば、お孫さんに随分くたびれた靴を履かしておられる。その時、共に見送りに出ていた人が「えろう、傷んでいますね」と、言いにくいことをズバリと言った。「はい。もう少し使えますから、始末さしてもらっています」と婦人は答えられた。すると、その人は「あなたさんのように裕福な方々は、もっと早い時期に新しいのをお買いにならんと、商売人さんが困りますがな」と、笑いながら言った。

随分思い切ったことを言うなあ、と驚いたものだが、その人は長年にわたり荒道を通る苦労をし、物や金銭の始末に関しては厳しい人でもあった。それだけに人を見て諭し方は違うのだということを、その時に教わったように思う。人は、長らく物や金銭の不自由の中を通って成長すると、後になってだれ彼にもそれを求め、押し付けるきらいがある。しかもそれを通して幾多の経験を積み、教訓も得ている場合はなおさら、これぞ正道と思い込むのも無理でない。その点でこの人のように、人に応じて柔軟に、しかも間髪を入れずに言えるのは、大勢の信者を丹精してきた実績と、場数を踏んできた経験があるからである。大いに教えられた。

最近のことだが、若い夫婦が「うちの会長さんときたら、私らが少しでも生活を良くしようとすると怒るのです。信者の幸せが気に入らないのでしょうか」と言うのを聞いた。「始末」や「もったいない」も大事である。しかし世の中は、消費もあってこそ、経済が成り立つ。特に現在は不景気、不景気とやかましく言われ、地域振興のためにと〝金券〟まで配られる時代である。つまり消費の勧めである。妙なことになったと思うが、買う人もあり、捨てる人もなければならないのであろう。

容易に壊れない商品を開発したばかりに、買い替え需要がなくなって衰退した企業もあると聞く。こうなれば、「ああもう壊れた」「破れた」「飽きた」「型が古い」「流行遅れ」なども、消費促進の特効薬なのかもしれない。まこと世の中は難しい。

熱意

立教162年6月27日号

ＪＲがまだ国鉄といっていたころの話。巡教帰りに、あるローカル線に乗ったところ、あいにくの土砂崩れのため途中駅で立ち往生した。日が暮れ、開通は明日になるという。やむなく駅から電話をして宿を取った。

行ってみたら、その旅館は有名な仏教宗派の本山の門前にあった。早速、宿の番頭と思われる人が、「大変でしたね」と声を掛けてくれた。そこで当方も、「本山の朝の勤行《ごんぎょう》は何時からですか」と尋ねてみた。すると「午前五時」と言う。時節は晩秋、五時はまだ真っ暗である。もっとも参詣《さんけい》が目的で来ているわけではない。もっと遅い時間ならともかく、そんなに早く起きて行く気は全くない。「随分早いですね」と言って済ませようとした。

ところが、この人は「せっかくここまで来て、参拝しないのですか」と言う。「まだ真っ暗でしょう。それに石段を登らねばならないし、道も知らないし」と弁解がましく返事をした。だが、「それなら宿の車を出しましょう。時間になったらお部屋へ電話します。お堂の前までお送りします。ぜひご参拝なさいませ」と言ってきかない。とうとう、早朝たたき起こされ、送り込まれてしまった。行事のない時節とみえ、広いお堂に参拝者は数人。約一時間の勤行の間、山上の冷えは身にこたえた。帰りは明け初《そ》める山を、長い石段を踏んで宿にたどり着いた。

しかし、今もその番頭さんの熱意には敬服している。飛び込んできた予期せぬ客に、たとえ朝の勤行の時間を聞かれたとて「早いですよ、無理ですよ。ゆっくりおやすみなさい」と言うことも一つのサービスであったと思う。にもかかわらず、いささか困惑の表情を見せる相手に「何を言っているのですか」と言わんばかりの迫力で勧めて、手配までするその熱心さに、小生の重い腰は上がらざるを得なかったのである。見習わねばならない点だ。もって鑑《かがみ》としたい。

限りある時間

立教162年7月4日号

今年も、はや半分が過ぎた。月日のたつのは早いもの、とはよく言ったものだ。ところで時間というものは誠に公平なもので、万人に等しく一日二十四時間与えられている。時間は万国、老若男女、いかなる立場にもかかわりなく同じである。有効に使おうと無為に過ごそうと、全く長さは変わらない。

しかし、銘々が感じる感覚的な時間の流れは長短緩急、随分変わる。概して幼少の時の一日は長いようである。最近は子どもの一日も昔に比べ拘束される時間が多く、自由に使える時間が少ないようで、何とも大変である。ゆとりの教育が論議されるゆえんであろう。人は長ずるに従って日々を短く感じる。ああ今日も暮れたと思うことが多い。高齢になっても同様だが、中には子どもに返ったように長く感じる人もあるという。これには気を付けたい。時間を持て余すようになってはいかんと思う。

以前、道友社主催の美術展「天展」の審査員がおぢばに会した時、前真柱様が招宴の席を設けてくださった。審査員の一人で八十歳を超え、少し足元も危なげな日本画家が「真柱様、一日二十四時間を、もう少し伸びるように神さんに頼んでくれませんか」と言った。「どうしてですか」とのお尋ねに、「描《か》きたいものが次々とわいてきて、時間が足りません」とのことである。誠に驚嘆に値する意欲と元気さである。この画伯は九十歳を超えても画筆を放さず、天寿をまっとうされた。寸暇を惜しんで創作に勤《いそ》しまれた充実の晩年であったと推測できる。

二十四時間あるとはいえど、拘束されてままならぬ時間（主として学校や仕事の時間だから決して疎《おろそ》かにはできないが）もある。また休養のための睡眠時間も結構長い。そうなると、わがの自由になる時間は限られてくる。そのうえ時間は容赦なく流れて、再び戻らない。そう思うと、自分の持っている自由時間をいかに過ごすか、その価値と重要さをあらためてかみ締めるべきではなかろうか。それが、その人の人生の充実度につながるのだから。

奇跡の毎日

立教162年7月11日号

数十年も前のことだが、アメリカからの帰国者が、かの地のテーマパークにある遊具のすごさ、激しさを語っていた。ところが今や、わが国のどこの遊園地にもスリル満点の遊具があふれている。大勢の人が、随分危ない、怖い目にあうのに料金を払っているのである。太い伸縮性ロープを身につけて、〝清水《きよみず》〟どころでない高所から飛び降りるバンジージャンプというのもその一つである。

これらは皆、一歩手前でブレーキが利く、ということを大前提にしている。しかし、ときには事故が起こってニュースとなる。スリルを楽しむということであるが、誠にご苦労なことと思う。どうも、人間には危機一髪への挑戦や、怖いものを見たい、体験したいという習癖があるのだろう。とはいえ、お遊びであるから、嫌な人はやらなければいい。小生もやらない方の一人である。

ところがこれほど極端でなくとも、お互いの暮らしの中で、一歩間違えば……ということは、枚挙にいとまがない。交通機関はますます高速化し、衣食住のあらゆる場面に危機や恐怖が潜んでいるといわれている。つまり日常生活の至る所に、危険はあるわけだ。人は皆、安全管理を信じて、利用しているに過ぎない。いや、信じて利用せざるを得ない。避けていては、暮らしていけないからである。

しかも、その安全管理は主に他人任せである。自分のあずかり知らぬところで行われている。いちいち調べにも行けないし、見ても素人には分からない。そう思うと、一瞬一瞬が危険と隣り合わせであり、奇跡の毎日でもある。最近、聞くことや言うことの少なくなった「おかげさまで」を、あらためて思い起こし暮らしたいと思う。

伏せ込み

立教162年7月18日号

科学の世界では、一つの成果を得るためには随分多くの研究や努力が積み重ねられ、しかも日の目を見ずに終わるものが無数にあるという。このことは科学に限らない。歌の世界でも一曲のヒットが生まれる陰で、だれも知らない曲がごまんと消え去るらしい。「一将功成りて万骨枯る」とは戦闘の非情さであるが、あらゆる分野でこれに類することはあり得る。甲子園での優勝は一校だが、四千の高校の野球部が鎬《しのぎ》を削る。

すそ野のない山はあり得ないのであって、すべてに土台や支えがあり、それは肥やしにもなる。それあってこそのヒット曲、頂点、成果であろう。ヒット曲を生んだ人、頂点を極めた人はそれなりの苦労の結果を出したのであり、尊敬に値する。だが、そこに至らずとも、営々と努力し続けて無名に消えていった人々のことを忘れてはなるまい。

山高ければすそ野も広い。頂上のみを見る人も確かにいるが、すそ野を思う人もまた数多い。ある学者が、「振り返れば一つの業績の陰には名も成さずに終わった人や、全く役にも立たぬようなものの研究にも長い年月、あるいは一生を費やした人もある。自分の歩いた道にはそうした先人の累々たる屍《しかばね》があり、それを越えての今日であることを忘れてはならない」と書いている。味わうべき言葉である。

多くの努力の集積が、目立たぬから、表へ出なかったからとて、すべて価値がないものとは言えない。成果を生み出すための肥やしとなっているのであり、氷山の一角とは、まさにこのことであろう。お道にあっても、先人の伏せ込みと、多くの人の支えあればこその今日であることを常に忘れず、われもまた伏せ込みの歩みを続けたいものである。

決断と持続

立教162年7月25日号

先日、京都の清水寺で山崩れが起こって、境内の茶店が土砂に押しつぶされたとの報道があった。しかし近くの名所「清水の舞台」は無事であったという。古来、「清水の舞台から飛び降りる」という言葉があって、京都の人はよく使う。高層ビルやタワーの無い時代は、高所の代名詞でもあった。そこから飛び降りるというのだから〝大きな決心〟や〝思い切り〟または〝大胆〟という意味合いに使われる。場合によっては、人におごったり、散財する時にも大げさに使う。もちろん実際に飛び降りたら大けがは間違いなく、死ぬこともあろう。事実、ここからの飛び降りはほとんどないというから、そのつもりで思い切るという、あくまで例えなのである。

人はしばしば決断を迫られる。決断は苦しいが、一時の仕切り、踏み切りである。それこそ〝飛び降りる〟つもりで、目をつむって決行することもある。その結果、後悔もすれば、二度としないと反省することもあり得る。しかし、お道の心定めは、一時のみの決断でもって、目を閉じて決行すればいい、というものではない。一時の仕切りとそれに続く長い道のりが必要となる。決断ももちろん大事であるが、その後の持続にこそ真価が問われる。

禁煙でも、吸いさしのたばこを勢いよくもみ消して宣言することは、やろうと思えばだれでも、いつでもできる。筆者も何度かやった。本当の苦しさはその後、とは経験者ならよく分かるはず。そして挫折して、いつかまたたばこをくわえている。

自分のためにはできなかったが、おたすけの上での心定めは持続し得た、という話をよく耳にする。ようぼくとは、そういうことのできる人ということであろう。

将軍の贅《ぜい》

立教162年8月1日号

今年は金閣が炎上してから五十年とのこと。言うまでもなく金閣は足利義満の創建による山荘であった。今のは再建だが、古来、文化遺産は権力者の所産が多い。現在では、住宅の建て込む繁華な場所だが、創建当時は都の中心から遠く離れた狐狸《こり》の住まう辺鄙《へんぴ》の地であったろう。現に昭和の十年代でも、付近は戦国合戦の映画ロケに格好の原野であった。

金閣の南に衣笠《きぬがさ》という山がある。昔は衣懸《きぬがけ》山と呼ばれた。名前の由来は、京の真夏の炎暑（こればかりは今もかわらない）に耐えかねた義満が、せめて冬景色をと望んで、この山に白妙《しろたえ》の衣を懸けさせたことに発する。もちろん全山を覆ったわけではなく、木々の梢《こずえ》に白布を懸けさせて、あれぞ雪と見て、ひと時の涼を求めたのであろうが、権力者ならではの豪奢《ごうしゃ》である。

しかし、あくまで疑似であり、今はやりの〝バーチャル〟の元祖かもしれないが、果たしてどれだけ涼しかったことであろうか。さらに金閣の裏山に氷室《ひむろ》があり、地名として今に残っている。冬場にため込んだ大量の氷を夏に至って取り出す。これよりほかに暑気に氷を得る手段はなかった。溶け残ったわずかな氷をいとも丁重に献上し、将軍義満は己が権力の大きさに満足しながら賞味したのであろう。時の庶民はおろか、貴族にさえも羨望《せんぼう》の極みであったろう。

ところが現代では、炎暑のさなかに冷房を効かせて肌寒ささえ覚え、冷菓をほおばることはいともたやすく、日常茶飯事としている。かつての王侯貴族もなし得なかったことである。けれども、こういう快適生活も近々二、三十年来のことであって、それまでの人間は厳しい環境に耐えてきたのである。暖を取ることには長い歴史と経験があるが、冷房はまだ慣れていない。冷房病が取りざたされるゆえんであろう。お互いたまには、夏は、やはり汗をかいて、義満さんには及びもないが、すだれ越しの風で風鈴を鳴らし、打ち水の庭にしばしの涼を納めるのも、また一興ではなかろうか。

アポロ11号

立教162年8月8日号

アポロ11号が月に到着し、人類初の月面歩行を成し遂げてから今年七月で三十年たったという。一九七〇年の大阪万博では、そのアポロ11号が持ち帰った「月の石」を展示したパビリオンに長蛇の列ができたものだ。それ以後、計六回の着陸が繰り返され、月面に降り立った宇宙飛行士は十二人を数えると聞く。

そのころある老人が「そんなことされたら〝お月さん〟の尊さがなくなるがな」とつぶやいたのを耳にした。人間の未知への探求心はとどまることなく、今は中断されているとはいえ、いつかまた月への挑戦も再開されるだろう。天空のかなたへの探査は、科学技術の発達とともに、さらに奥深いものとなろう。一方、足元の地球でも、発掘技術の進歩によって、古代の遺跡や埋蔵品が続々と白日の下にさらされ、ときには従来の歴史の定説さえも覆す。

「知らぬが花」という言葉もあるように、未知や不可解の中に夢やロマンがあるということも確かに言える。しかし、月星は変わらず。絵に描かれ、詩に詠まれ、見る人の心によって、さえわたったり、かすんだりもする。また、地下の長い眠りから覚めて現れる品々には、人類の長い足跡へのロマンをかき立ててくれるものがある。確かに研究や探索は未知を既知とし、不明を明らかにするものだが、そのために〝なんだそんなものか〟という思いに必ずしもならないことに驚きを禁じ得ない。

この世にはそれだけ奥深く、お与えいただいた知恵・文字の仕込みをもっても、知り尽くし得ない神秘が潜む。これが「神のからだ」と仰せられるゆえんであろう。宇宙飛行士のその後は人それぞれである、と新聞は報じている。だが、月から地球を望んでの思いは共通している。この星は単なる偶然や自然で出来うるものではないという畏敬《いけい》の念と感激であった、とのことだ。

人口爆発

立教162年8月15日号

　世界の人口が七月十九日に六十億人を超えたと報道された。どうしてその日にちまで分かるのか、素人には見当もつかないが、わが国をはじめ、一部の先進国では出生率の低下による少子化が問題となっているし、強力な一人っ子政策を採っている国もあると言われているのに、六十億とはすごい数である。お道の教えでは当初、人間は九億九万九千九百九十九の子数から出発した。そして今やこれだけの数になった。「どろうみのなかよりしゆごふをしへかけ　それがたん〲さかんなるぞや」（おふでさき三号16）。絶大なご守護の結果である。

　実際の世界人口が十億人から三十億人になるのに百五十年以上かかったが、その後、だんだんと増加速度が増しているという。この調子で増えていくと、近い将来、七十億、八十億となって、地球は人間を養い切れないともいわれる。まさに人口爆発は現実味を帯びてきた。元来、物事は〝数多ければ事多し〟。空いている電車なら、人との接触を避けて行儀良くもしていられるが、ラッシュアワーの通勤電車では、押した押された、踏んだ踏まれたと、嫌でもかかわり合わねばならない。当然、空気も汚れ、暑苦しく、イライラが募り、もめ事も増える。〃地球号電車〃も大変な時代になったものである。

人間は一人から、あるいは一組の男女から、増えていったのではない。多数の子数からの出発であったのだ。ある人の言葉に「神が人類を多く創《つく》ったのは互いに協力させるためである」というのがあった。ますます人間相互のたすけ合いが必要性を増すだろう。いや、そうでなければ生きていけない。

人口爆発の結果は、破滅への道しかないのだろうか。お与えいただいた人知と、努力によって、人類は幾多の危機をも乗り越えてきた。大きな人口をもって歩む道は厳しいことと予想されるが、知恵を絞り、協力し、たすけ合うところに、大いなる〃親の懐〃に抱かれて、未来は必ず開けると信じたい。

区切り

立教162年8月22日号

コンピューターの二〇〇〇年問題がやかましく言われている。年月日に関係しない文書やデータなら何の支障も心配もないが、多くのしかも重大なデータに日時は密接に関連しているのが実際だ。その結果、西暦下二けただけで管理されている情報だと、年明けとともに九九年から〇〇年（一九〇〇年）と認識され、多大の影響が生じるという。データの破壊だけでなく、危険を伴う機器の誤作動を誘発するとも言われている。各方面で懸命の調整が進められているが、あと四カ月余りでその時は来る。

これは某予言者の九九年の七月危機と違って必至であり、また現実的でもある。現に航空や鉄道会社は、この時点での運行を一部差し控えたり、間引いたりするという。こういう時こそ、人が少ないから旅行のチャンスとわざわざ出掛ける人もいるだろうが、避け得ぬ所用で心ならずも利用する人には大変である。不安は拭《ぬぐ》えない。二〇〇〇年は必ず来ると分かっていたのに、なぜ下二けたで進めてきたのかと素人は気やすく言う。

だから機械は嫌だ、信頼できない。手作業なら何ら問題がないという人もあるが、手作業も随分問題が多かった。リスクはあってもいったん手に入れた利便性は手放せないものである。

事の性格は全く違うが、私たちは、九十九年といえばまず「元初まりの話」が念頭に浮かぶ。人間は宿し込まれ産み下ろされて九十九年たっての出直しと再生を三度繰り返した、とお聞かせいただく。九十九年は大きな区切りであり、出直して一から始める仕切りである。乗り越えねばならない節であった。しかし単なる後戻りでもなければ、やり直しでもない。それは、一段の成人を遂げる可能性をもった晴れやかな出発への踏み切りでもあったのである。三寸から三寸五分へ。この五分の成人のために出直しが必要だったのであろう。

個人も社会も数々の節を迎える。二十一世紀を目前にして、お互いの信仰を見直して、心機一転を図るのは意義深いことである。

インターネット

立教162年8月29日号

インターネットの世帯普及率が一〇パーセントを超えた。商業接続開始からわずか五年である。ちなみに同じ比率になるのに電話は七十六年、携帯電話は十五年、パソコンは十三年かかったという。

問題はモラルとエチケットがまだ十分確立されない間に、そしてその力の大きさ怖さを認識しないまま、だれもがごく手軽に利用するようになったことである。ある国では、特定の医師を非難して個人名を公にしたため大問題となった。日本でも最近、企業の対応に端を発して事件が起こった。トラブルは日常茶飯事だが、当事者だけにとどまらず、ネットで大勢の同調者や支援を得て大問題になったのは今回が最初であろう。そして今後は何かのきっかけさえあれば、こうしたことが多発するのも容易に推測される。企業の幹部が「大変な時代になった」と言うのも、もっともである。

提案や意見発表には、それなりの手数を要する。マスコミの役割でもあった。個人やグループでは時間と手間と費用がかかり、しかも範囲は狭かった。また自分を明確に表へ出せば、責任も負わねばならない。しかし、それだけの意義と必要性に駆られての行動だった。それが今やホームページにして広く世界に発信することはだれにでもたやすい。そしてそれに他の人が参加することも、リアルタイムで手間ひまかけずにできる。インターネットのすごさはここにある。先述の企業には百七十万件のアクセスがあったというから驚く。

しかし、一般論で言うならば本来、意見や論争は両方の言い分を聞いて判断すべきであり、そこにはおのずから冷静な判断が求められる。それを怠っての同調は危険である。そして、ごく手軽にできるその安直さが、危険性を一段と大きくしていると言えないだろうか。大衆の声、消費者の意見は大切にされるべきであるが、それが常に正義であり、正論であるという図式がいつも当てはまるのであろうか。大合唱は大きな力になる。それだけに一つの意見を〝唱和〟するには、難しいことだが、でき得る限りの判断材料をもって考慮を重ねたい。インターネットという手軽に意見を述べる手段を手に入れた現代人の責務でもあろう。

情報鑑定

立教162年9月5日号

現代の世相がそうさせるのか、時代物や骨董《こっとう》品が見直されている。テレビでは、秘蔵品の鑑定番組が結構人気を集めている。

確かに、秘蔵品として大切にされてきた物が、専門家によって鑑定評価される場面はひとごとながら気がもめ、興味深い。思わぬ高価な鑑定結果に狂喜した人は、秘蔵品を一層大切にするだろう。だがガックリして帰る人は見ていても気の毒で、鑑定など受けなければよかったのにと思うが、これも一つの〝かけ〟であり、決着ではある。

邪魔になるごみ以外はどんな物品にも、必要の有無にかかわらず絶対価格というものがある。よしやそれが素材だけの価値ではあっても。しかし情報はどうなのだろう。ある人にとって興味ある貴重な情報であっても、他の人には全く何の役にも立たない、無用で無価値なものという場合が多い。情報それ自体には本来、固有の価値はないとさえ言えるのではなかろうか。また、それは受け手によって全く変わるものである。芸能人や有名人のゴシップは、常に高視聴率を稼ぐので、テレビでは延々とどまることがない。情報にも需要と供給の法則が当てはまるのだろうか。しかし、興味のない人は、貴重な電波をこんなことに使うなと言いたいだろう。毎朝、新聞を手にしてまずどこを開くかで、その人の興味の在りかが分かる。マスコミを情報の〝幕の内弁当〟とすれば、何から箸《はし》をつけるかでその人の価値判断が分かる。本棚を見れば、その人の専攻が分かるのと同じである。

さて、私たちお道の者は、どういう情報を最も求めるのか、何が大切なのか、道の子にとって何が価値あるものなのか、常に自問自答していきたい。「教えに基づいた生き方」に必要なものが、最も価値あるものでなければならない。今月から始まった地方講習会は、さしずめようぼく躍進のための、情報発着の場ということもできる。

父の戒め

立教162年9月12日号

古川柳に「売家と唐様で書く三代目」というのがある。創設者の意気込みや覇気は三代目に至って力をなくし、達筆で字を書くほどの教養はあっても軟弱に流れ、最後は居宅さえ売らねばならぬようになるという戒めである。実は筆者も道の信仰の三代目。父は小学生だった私によく、この川柳を引用して諭してくれた。今に至っても忘れない。

世に創設者や初代といわれる人は、大決心をする。周囲には反対する人もいたであろうが、その中を自らの決断で歩み始める。当然、幾多の苦難や節にも出合うが、自ら選んだ道であれば弱音を吐けない。こうして礎を築き上げる。そして二代目は、初代の苦労を目の当たりにし、共に味わい、十分安定していない時期を通る。しかし三代目ともなれば、初代の苦労は話で聞くだけで、機構や設備もある程度整い、安定した結構な状態になっている。もちろん本人のせいではないが、そういう立場に身を置いている。そこでうっかりすると、危険な落とし穴に落ちないとも限らない。

お道の初代も同じことである。「おさしづ」に「乗った船なら乗り切らにゃならん。塀なら跳び越さにゃならん。火の中なら飛び込まにゃならん」（明治30・1・13）と仰せになっている。信仰を始めるとは、それほどの決心なのである。しかも、その決心を持ち続けた。だからこそ今日の道がある。また「一代は一代の苦労を見よ。長々の苦労であった。二代は二代の苦労を見よ。三代はもう何にも難しい事は無いように成るで。なれど人間はどうもならん。その場の楽しみをして、人間というものはどうもならん。楽しみてどうもならん。その場は通る。なれども何にもこうのう無くしては、どうもならん事に成りてはどうもならん」（同22・3・21）と戒められる。さらに「一代は一代の理、二代は二代の理、代々続く生涯末代の理である」（同22・1・29）と諭されている。

父祖の苦労を肝に銘じて「いつ〳〵までもつちもちや　まだあるならバわしもゆこ」（みかぐらうた十一下り目五ッ）と自分自身の信仰を磨いて通るなら、初代の時にはとても見せていただけなかったような大きなご守護をお与えいただけるのである。

自然時計 ― 四季 ―

立教162年9月19日号

ある新聞のコラムに〝セミはきっとカレンダーを盗み見たに違いない。あのにぎやかだった合唱がピタリとやんだ〟とあった。筆者宅のスズムシは、そのころからきれいな音を奏でてくれている。出番を確信しているような見事なタイミングである。軒をかすめて飛んでいたツバメが去ったころから、澄んだ秋空にトンボが一段と増える。「秋来ぬと目にはさやかに見えねども風の音にぞ驚かれぬる」（古今集）との歌の通り、季節は気付かぬうちにも移ろっていく。

京都に鈴虫寺というのがある。スズムシが年中鳴くことで有名だが、これは虫の生態のサイクルを順次ずらして育てているからで、温度や照度や湿気などの管理に大変な努力がいるそうである。虫に限らず、今では季節の花や野菜や果物などが年中、店頭に並んでいる感がある。便利と言えば便利、ありがたいと言えばありがたいことであり、その労は多とせねばならない。反面、季節感の喪失、季節の移ろいへの驚きが減って、さみしい思いもする。都会や田舎の区別なく「ああ春だなあ」「もう秋か」と、ものを見て感じたことが懐かしい。昔、八百屋の店頭に旬《しゅん》の物を見て慌ててご神饌《しんせん》に求めた教会長さんが、「うっかりしていました。もっと早くお供えしなければならなかったのに」と語ったことを思い出す。

とはいえ、まだまだその時節にならねばお目に掛かれないものがたくさんある。そして旬の露地物がおいしいことは今も昔も変わらない。幸いに日本は四季がはっきりしているから、自然の移ろいに、もっともっと驚きを味わいたいと思う。昔、『美しき天然』という歌があった。メロディーが哀愁を含んでおり、サーカスや見せ物小屋のBGMに使われていたため、子どものころはサーカスの歌と思っていた。歌詞は大自然の驚くべき美を述べ、神の御手のなす業とたたえている。日常の小恍惚《こうこつ》こそ大切と論じたのは、長年にわたり慶應義塾大学塾長を務めた小泉信三氏であった。

科学文明の進歩や社会事象の激変に驚き、一喜一憂させられる昨近だからこそ、あらためて自然の移ろい、変わらぬ循環に驚きと感嘆を味わいたい。地球、環境への優しさとは、ここから出発するものではなかろうか。

信心のかい

立教162年9月26日号

ある教職員の体験談に「私が目を患って手術を受ける時、手術が成功し、またよく見えるようになったら、余得として与わったものと思い、人の喜ぶことにこの目を使おうと決めた。手術が見事に成功し登校するようになると、相手より先にあいさつするようになった。以前なら、年上の自分がなぜ先に言わねばならんのかと思った。廊下にごみが落ちていれば、なぜ教頭の私が拾わねばならんのかと不足した。しかし今は違う。こんな小さなごみまで分かるのは目が見えるからこそと、喜んで拾っている。思えば、病気になったのは不幸ではあったが、こんな気持ちになれたのは病気のおかげである」というのがあった。

「病気をしたりケガをしたり、不幸な目に遭ったりするのは確かにつらいけれど、それを乗り越えた時に、人間はちょっと成長できる」と言った人もいる。お道の信仰をしていなくても、病気やケガの不幸から、こうした大きな得がたいものをつかむ人が世には大勢おられる。

私たちは〝陽気ぐらし〟を目指す道の信仰者である。不幸や不運をただ嘆き悲しむだけでは、信心のかいもない、と言わねばならない。「身上事情は道の花」とお聞かせいただく。節は平素の信仰の試金石、仕切り台であり、成人の糧でもある。「いかなる病気も、不時災難も、事情のもつれも、皆、銘々の反省を促される篤《あつ》い親心のあらわれであり、真の陽気ぐらしへ導かれる慈愛のてびきに外《ほか》ならぬ」と『天理教教典』（第六章）に記されている。

教えに基づいた判断と生き方が問われる時である。どんな中でも、そこにをやの慈愛を読み取り、成人の糧を見いだすのが道の子の幸せであり、ありがたさであり、さらには力強さである。

報恩

立教162年10月3日号

『日本一短い「母」への手紙』（角川文庫）という本の中に、「あなたからもらった物は数多く返せる物はとても少ない」という一文があった。簡にして的を射たものと心に留まった。親はわが子の育成には多大な努力と犠牲を払うが、それを恩に着せようとも返してもらおうともしない。時には、わが命と引き換えにしても子どもを守ろうとする。そうした中で子どもは育つ。

しかるに、近ごろ子どもを放置あるいは虐待する親があるとよく報道される。あまつさえ、保険金目当てに実の子を海に投ずるに至っては、聞くだけでも心が凍る。これらは極々、例外中の例外であると思う。そうであってほしいと願う。

人はみな親から多くの恩を受けて育つのだが、思えば恩を受けるのは親からだけではない。自然、周囲、先輩、見知らぬ人々、さらには多くの文明文化の恩恵を受けて今日がある。まさに「おかげさまで」と言い暮らさなければならない。人間は一人前になって独立するまでに四半世紀近くを要する。それは与えられることの方が多い期間であり、社会に何かを尽くすのは一人前になってからである。冒頭の手紙のように、返せるものはとても少なく、その期間はそれほど長くはない。

この手紙にある「あなた」を、親神様に置き換えて読めば、そのまま道の子のご恩報じの思いと重なると言えないだろうか。道も年限かけて通っていると、随分尽くし、運んだように感じるときもあろう。しかし信心の道中は、ご恩の真っただ中であることを忘れてはならない。つまり返しているつもりが、受けている日々なのである。お返しはできませんが、ありがとうございますと申し上げるのみの朝夕である。

平成小間物屋

立教162年10月10日号

最近よく「ゲット」とか「ゲットする」という言葉を耳にする。何かの品を獲得するとか、手に入れるという意味らしい。だが、年配者はそうした言い方をされると、物が乏しかった時代に、苦労してやっと手に入れたり、買うことができたという感じに受け取る。当時、手に入れたかった物は、主として生活に欠かせぬ物が対象で、また多くの中からより好みする余裕もなかった。ところが今の「ゲット」は、そういう意味での入手ではなさそうだ。

近ごろよく目につくことの一つに、服飾や身の回り品などの雑多な物を扱う店舗の多さがある。のぞいてみると、こまごまとした物をよくもまあこれだけ集めたものだと感心する。こういう店をいったい何屋さんと呼ぶのだろう。分からないので筆者は勝手に〝平成小間物屋〟と名付けている。そして当然と言うべきか、こうした物を扱った専門雑誌が、これまたずいぶん出版されている。誌面では、これこれが今の流行の最先端で、この服にはこのかばんとこの靴でないとキマラナイ。こうすればバッチリだとか、定番はこれなどと、誠に懇切丁寧に指導してくれる。なるほどこれだけ種類も物も満ちあふれたら、その中から自分にぴったりくる一、二点を選ぶのには、それだけ勉強を重ね、センスを磨いて臨まねばならないのだろう。これも苦労の一種なのかもしれない。けだし「ゲット」なる言葉が使われるゆえんかと、自分流に解釈しているこのごろである。

ある人が、携帯電話の軽量化に企業は鎬《しのぎ》を削り、軽く小さいことをセールスポイントにしているのに、買った方でいろいろアクセサリーを付けて結構重くしているとぼやいていた。それと同じで、小物や一時期だけの使用で終わった雑多な物が散乱する若者の部屋を見るにつけ、どうでもよいことにずいぶんご苦労なことと思えてならない。

欠乏時代はもちろん嫌だが、苦労して物を手に入れた喜びと、大切に愛用した時代もまた懐かしいと言えば、老人の繰り言と笑われようか。

逡《しゅん》巡《じゅん》を去り……

立教162年10月17日号

　アジアのある都市の空港でのこと。タラップを使って飛行機から降りることになった。筆者の数人前を、老齢の東洋人女性が、手すりを握りながら危なっかしい足取りで下りている。その時、さっと初老の白人男性が近寄り、腕をとってエスコートした。さりげなく、しかもタイミングよい手助けであった。下り立つと、実はその女性の夫とおぼしき人が、さっさと先に下りて待っていた。さすがにばつが悪そうな面持ちでお礼を言っていたが、考えればこれは人ごとではない。小生も同じことをやらかしかねない。

　どうも東洋人はこういうことには不慣れというか照れるというか、すんなりと手が出しにくい。いま仲良く手をつないで歩いている若いカップルだって、年を取れば同じことになるのではなかろうか。

　文化や習慣の相違と言ってしまえばそれまでだが、やはりここは思案のしどころだと思う。エスコートもボランティアも、ついつい気張ってしまう傾向がある。だが、それでは間に合わない。考え抜き、決心してからというような大層なものでなく、自然と手が出るように習慣づけたい。それには慣れも必要だろう。「しつけとは、し続けることである」と聞いたことがあるが、身に付いたものとなるには常時、実行していなければならない。

二代真柱様作詞の『ひのきしんの歌』では「早乙女心のはにかみもサラッと忘れてにこにこと」と歌われている。『諭達第一号』には「逡巡を去り」とお諭しくださっている。さりげなく、気負いなく、自然に手を差し伸べることのできるような信仰態度を身に付けたいと思う。

観光のモラル

立教162年10月24日号

カナダからファミリービデオが届いた。家族でカナディアンロッキーへ小旅行をした映像である。美しく雄大な景色が続く。やがて車は路肩で止まった。車中からの撮影だが、何と十メートルも行かぬ道路端をクマが歩いている。これではうっかり車外へ出られない。ほかにもいろんな獣が出没するらしい。大自然の真っただ中というわけである。

この国立公園の重要な規制の一つに、野生動物に決して食べ物を与えてはならないというものがあり、かなり順守されているという。もしも与えたら、見つかり次第、罰金を取られる。理由は簡単。これらの獣がいったん人間からえさを得ることを覚えたら、自らえさを獲得する能力を失って、人の来ない厳しい冬場に飢え死にしてしまうからである。厳しい自然の中では、ちょっとしたことが野生動物のライフサイクルを乱すばかりか、絶滅にも追い込みかねない。

ありのままの自然を残せ、野生を守れ、あるいは旧態を保存しようなどと軽く言うが、それ相当の自制や努力、忍耐なくしてできるものではない。心ない違反者が現れたら、事は簡単に破綻《はたん》する。

淡路島のある浜には五色の砂利がある。何年か前、観光バスで立ち寄った。駐車場に「砂利採取禁止」と大書してある。さてバスから降りる時、ガイドが客の一人ひとりに観光会社が用意した小さなビニール袋を手渡している。さすがに数人の客は、看板を見て受け取らなかったが、かえって変な顔をされた。

ある時、列車内で団体観光客が、どこそこは俗化した、あそこはもう駄目になったと盛んに観光地の品定めをしていた。それらは、いわゆる〝秘境〟と呼ばれる所である。しかし俗化させたのは、ほかならぬ観光客ではなかったか。『毎日新聞』の書評欄に杉浦日向子という人が次のように書いていた。「『手つかずの自然』『汚れない素朴な人々』『私達の失ってしまった何か』を求めて、カメラやビデオをぶらさげて押し寄せる団体観光客は、イナゴの大群のように始末におえないものだ。観光客とは、日常をともにしない闖入《ちんにゅう》者以外のなにものでもないのだから」。観光客の一人として、耳を傾けるべき言葉ではある。

神話

立教162年10月31日号

近ごろ「安全神話」という言葉がマスコミによく登場する。また「土地神話」という言葉もよく使われた。いずれも揺るがぬもの、絶対のものという意味と思われる。従って、それが破れると「神話が崩れた」などと言う。つまり決して崩れないもの、安心できるもの、もたれていいものという感じで「神話」と名付けたのではないか。

けれども本来、絶対安全というものがあるのだろうか。人間のすること、考えることに絶対はない。間違いを起こし、失敗を繰り返すのが人間である。一方、機械には不調や故障がつきものだ。だからこそ危険がつきまとう。それを防ぐために、二重三重の安全策が講じられている。それでも時折ミスが、故障が、そして手違いなどが思わぬ危険を生む。

安全に「神話」を付けるのは、そうあってほしいという願いが込められているからではないか。それほどまでに願う安全が、初歩的な不注意、手順の無視、横着や効率優先などで破られてはたまらない。一方、「土地神話」に至っては、いささかうさんくさい。土地は値上がりこそすれ、決して下落せぬものと決め込んでの土地転がしや投機買いが一時、吹き荒れた。利益をもくろんだ人々にとって、「神話」というのは全く都合の良い思い込みでしかなかった。そういうものに「神話」という言葉を付与するのは願い下げにしてもらいたい。

人間は弱いものである。大きな力、オールマイティーな能力が欲しいと思うことはしばしばある。そうしたときに、人知や人力を超えた神仏に願う。神通力などの言葉もある。しかし人が超能力を夢想するときには、弱さに甘え、人事を尽くさずに飛躍的な結果を願っていることが少なくない。人は間違いを犯し、横着しやすいからこそ、互いに心して生きなければならない。危険いっぱいの現代社会では、安易に「神話」を付与するのでなく、足元の人事を尽くすことこそ肝要なのではあるまいか。

大事も小事

立教162年11月7日号

先だって、半日かかってパソコンに入力した文書が、あっという間に消えてしまった。〝一時保存〟を怠った結果である。もう一度書き直さなければと思うと、げんなりする。パソコンやワープロを使った人なら、だれしも一度や二度は経験しているはずだ。その時の虚脱感は、経験者のみが知る。そういうことがあるから電子機器は駄目だと、パソコン嫌いの人から言われそうで、うっかり口外もできない。

ところが、手書きの原稿だってそれに類することがある。筆者が小学生の時、担任の教諭が聞かせてくれた話を思い出す。「昔ある学者が何カ月もかかって原稿を書き上げ、ほっとして散歩に出掛けた。疲れてはいても、おそらく心地よいものだったと想像できる。ところが帰宅してみると、飼っていた愛猫が机上のろうそくを倒して、原稿は灰になっていた。彼は猫を抱いて呆然《ぼうぜん》としながらも、『お前には罪はない』と頭をなで、翌日から再度の執筆に取り掛かったという」。この教諭はどういう訳か、何度もこの話をしたので、今も記憶にある。おそらく真の学究には、それほどの不撓《ふとう》不屈の精神力がいることを、子どもたちに諭したかったのだろう。

『毎日新聞』のコラム「余録」によると、仏教学者の中村元博士は『仏教語大辞典』の原稿四万枚を出版社の手違いで紛失するという悲劇に遭った。辞典の原稿だから一字一句揺るがせにできないものだったろう。それを博士は最初から書き直して、旧稿の三倍余り、十三万枚の原稿をもって大辞典を完成させたという。世にはすごい人がいるものだ。

あれを思い、これを聞くにつけ、半日の原稿の書き直しなど〝マンモスの足下のアリ〟にも及ばないことを知った。うろたえた自分が恥ずかしい。お互いの日常には、事を重大視し過ぎて仰天し、落ち込むこともある。しかし少し考えただけで、それがごくささいなことと分かる場合もある。大騒ぎしたり心乱す前に、ちょっと冷静になって辺りを見回す余裕が必要だろう。「おさしづ」には「世上見て云々《うんぬん》」というお諭しがある。見てなるほど、聞いてなるほどと治めれば、大事も小事となろうし、さらには立ち直る力もお与えいただけるのではないだろうか。

春秋

立教162年11月14日号

今年の秋は待てど暮らせど、なかなか来なかった。例年おぢばで霊祭《みたまさい》が行われるころは涼風が立ち、季節の変わり目を感じるのだが、今年はそれがなかった。

お道の霊祭は春秋に行われる。時期的にもそこはかとなく人の世の移ろいを覚え、去りし人などがしのばれる季節だ。過ぎ去った年月を〝冬夏〟とは呼ばず〝春秋〟と言う。盆暮れが中元・歳暮を贈って、あいさつを交わす、生きている者同士のつながりの確認なら、春秋は亡き人への感謝、追慕の時である。とかく春と秋は物思いをするのにふさわしい。

「桐《きり》一葉落ちて天下の秋を知る」というのは、名のある人が亡くなると、よく持ち出される言である。「ああ、あの人が」というような方が、今年も数多く亡くなられた。彼らは世に大きなものを残し、多くの人の心に影響を及ぼし、思い出を残していく。俳優だったらもう一度その人の映画を見たいと思い、文学者ならその著書を書棚に求め、あらためて味読したいと思う。そして、どうしようもない寂しさと年月の流れを強く感じることになる。確かに〝梧桐《あおぎり》の一葉〟は大きい。しかし小さい葉とて、散り去った後の枝の寂しさ、むなしさに差があるわけではない。人の命の重みは同じもの。それぞれに精いっぱい人生を生き、家族や知人に何かを残し、そして去っていったのである。心からなる感謝と追慕こそ、何よりの慰霊となろう。

銘々の今日は、きのうの父祖からの贈り物であり、明日の子孫への遺産ともなる。追慕のみでは春秋も意味がない。歴史に名を残すような人はごくひと握りに過ぎず、世の大多数は名もなき人で終わる。だが世を形づくるのは、むしろそうした名もなき人たちである。われもまたその一人として、胸を張って精いっぱい生きたい。

ちょっとした心がけ

立教162年11月21日号

初めて親里に来訪した一団を案内した時のこと。神殿から教祖殿へ向かう回廊で、折から、ふき掃除をする人々と出くわした。早速、「今はお掃除の時間ですか」との質問が出た。いいえ、お掃除は日に二回、時間を決めてしています。これらの人々は自発的にしておられるのです、と答えた。「それにしても学生さんもいますが、先生の特別の指示ですか」と問われ、これには、そんなことはないでしょう、と言うしかなかった。

次は参考館へ案内する途中、「外も時間を決めてお掃除なさるのですか」と。境内掛も当然するであろうが、特別に神苑のお掃除をするという話は聞いたことがない。別にそういうことはないはずです、と口を濁した。すると「それにしてもこの広い所に、ごみ一つ落ちていないのはどういう訳ですか」と尋ねられ、とうとう困ってしまった。つい、捨てる人が少なくて拾う人が多いからでしょうと、答えにもならぬことを口走った。相手は何か感ずるところがあるような面持ちでうなずかれたので、いささかこちらの方が戸惑ったことを思い出す。

ある駅構内の長い跨線橋《こせんきょう》で前を歩いていく人を見ると、手にたばこの吸い殻を持っている。どうするのか興味を持った。通路にはごみも吸い殻もけっこう捨ててあるが、その人は捨てようとしない。やっとごみ箱のあるところまで来ると、放り込んで、そのまますたすたと歩き去った。

ごみを拾うことは尊い奉仕であるが、そこまではできなくても、せめて自分は増やすことをしない。ぬぐわぬまでも汚さない。これが大事ではなかろうか。世には、個人の努力や善意だけでは解決しない事柄も多い。行政や組織、規則や施策なくしては不可能なことが山とある。しかしすべてをそれらにおんぶし、任せ切りもたれ切りで万事解決するのだろうか。高福祉は高負担を伴う。高齢化社会にあって、果たしてそれに耐え得るのかどうか。そんな議論までせずとも、ちょっとした心掛けと実行で、もっともっと住みやすい世の中になることだけは間違いない。

わが身わが子がかわいければ

立教162年11月28日号

以前、孫の希望で幼稚園の運動会を見に行ったことがある。ところがそれ以後、まったく行く気が起こらない。かわいい子どもたちの真剣な疾走は、見ていて楽しいもの。しかし問題なのは、見学や応援の保護者たちである。

わが子かわいさはよく分かる。だが、わが子の勇姿をビデオに収めようと、走路にまで出てきて撮影するすごさに、あぜんとするばかり。そのため他の子の妨害になろうが、運動会のリズムが乱れようがお構いなしだ。それが一人や二人ではない。人に遅れをとるまいと皆、エキサイトしている。注意のアナウンスなど馬耳東風。わが子の出番が終われば、もはや何の興味もないという感じで、そっぽを向いているか帰って行くか。幼稚園でわが子がいかに過ごしているか、友達の中にどう溶け込んでいるかなどは気にならないのだろうか。幼い子にとって幼稚園は、いわば初めての社会生活、集団生活の場である。大層に言えば、将来の生き方の基本が形成される場でもあろう。その中でのわが子の動静にこそ、目を向けるべきではなかろうか。

人の子は目に入らないというのが、今の風潮らしい。しかし、皆の中にいるわが子を見、写してこそ良き思い出や記録にもなると思うのだが、それは大きなお世話と言われそうだ。先日も新聞の投書欄に「保育園の送迎バスの停留所に大勢の若いお母さんが子どもを連れて待っている。やがてバスが到着して保母さんが降りてきて『おはようございます』とあいさつするが、答礼のあいさつをするお母さんはいない。そのくせバスの発車には、わが子への『さようなら』の大合唱」とあった。信じられないが、おそらく事実なのだろう。寒々とした光景ではないか。

ある人は言う。昔から「自他共に」というが、今は自があって他がないと。公共の場にあっても、あくまで核家族の殻に閉じこもり、他を見ない姿がここにある。テレビ番組に「ここがヘンだよ日本人」というのがあるが、これもその一つではなかろうか。目に入れても痛くないという例えがあるが、その目を他の子や周囲にも向けたいものである。別席のお話の一節に「わが身わが子がかわいければ、人の身、人の子もかわいがらねばなりません」と諭されている。孫かわいさにおぼれぬよう、あらためて自戒したい。

天与の業

立教162年12月5日号

今年は紅葉が遅いと言っているうちに、やがて木枯らしが吹き、おぢばでもイチョウの並木道には黄色いじゅうたんが敷き詰められた。冬鳥も飛来したが、夏鳥は無事に南のねぐらに着いただろうか。秋の夜長を鳴き通したスズムシは、累々たる屍《しかばね》を残して音絶えた。

しかしその亡きがらの下には、おびただしい数の卵が生み残されている。生きとし生けるもの、生生《しょうじょう》流転《るてん》の中に生きることの厳しさを見せる。なかでも子孫を残すこと、種《しゅ》を保存する力はすごい。アユは落ちて産卵する時、あのはつらつとした姿は見る影もない。サケの場合、生まれ故郷の川をどうして知るのか謎《なぞ》とされているが、急流をさかのぼり、落差を跳んで渓流に至り、産卵を済ますと生命力を使い果たして斃死《へいし》するという。獣や鳥の多くは、全力を尽くして子どもにえさを運ぶ。だが十分得られないときは、子どもだけに与え、自らは餓死する親もあるという。誠にすさまじいものだ。それが本能と言ってしまえばそれまでだが、襟を正したくなる種の存続への〝天与の業〞と言うべきであろう。

翻って、最近の人間の子育てを思う。先日、あるパチンコ店の前を通り掛かった時、「車の中にお子さんを放置しないでください」という立看板を見た。新聞報道によれば、一九九八年度の児童相談所への虐待に関する相談件数は六千九百三十二件で、一九九〇年度の六倍になっている。放置も虐待の一種。そしてその加害者は、実母が五五パーセント、実父が二七パーセントだという。文明や文化の発展には、人間の天与の素質さえも鈍らせてしまう魔力があるのだろうか。そう言えば、動物園で飼育された獣は子育てをしないという。

最近のいろいろな事象を見るにつけ、本来、生き物たるべき人間の、危険に対応する能力さえ鈍化しているように思われる。注意報や忠告に耳を貸さなかった結果、周囲を巻き込んで救助される姿がまま見られる。知恵と文字の仕込みは、ほかの生き物にはない。もっと明るい陽気な暮らしをするためにこそ頂いたものではなかったのか。

一九〇〇年代との別れ

立教162年12月12日号

毎年のことだが師走に入ると、新聞やテレビで今年の十大ニュースが発表され、こんなことやあんなことがあったなあと思い出される。とりわけこの年末で西暦の一九〇〇年代と別れを告げるというので、百年の振り返りも重なり、例年になく思うことの多い月になりそうだ。事実、一九〇〇年代は世界が激動した百年だったのは確かだろう。地球の自転、天体の運行は悠久の昔から変わらないが、世の動きのテンポは誠に加速度的であった。

この百年の間に二度の世界大戦があったのをはじめ、軍備のハイテク化や巨大化、冷戦の激化と終焉《しゅうえん》、多くの国家の独立や分裂と統合、科学の驚異的な発展、移動や情報技術の高速化と大量化、それに伴う距離感の縮小、人口の激増、環境の破壊、犯罪の増加と凶悪化、そして家族や生活の激変など。どれ一つ取り上げても大問題であり、深刻な事態であった。また今後にも課題を残している。そして、これらは日本とて例外ではなかった。一九〇〇年は明治三十三年に当たるが、それ以降の百年間の動きは、その前の百年、いや数百年の流れと比べ、何と早く何と異質だったことか。前世紀の維新と開国後、近代国家への急成長は一応の成果をみたが、植民地主義の奔流にのみ込まれ、敗戦のどん底も知った。そして復興から今日の姿まで、実にあらゆる面で波乱万丈だった。一方で関東、阪神の二大震災、火山噴火や台風による洪水など、天変地変も少なくなかった。

お道では、一派独立請願運動の開始からの百年ということになるが、教祖《おやさま》の年祭は二十年祭から百十年祭に至る十回に及ぶ。その間に昭和の大弾圧と戦後の復元、形の普請では大正ふしん、昭和ふしんと教祖百年祭の東西礼拝場ふしん。そしておやさとやかたのふしんも、今日の姿にまでご守護を頂き、親里の姿も随分と変貌《へんぼう》した。また、その間に真柱様の継承も三度に及んだ。

顧みてうたた感慨深い。そしてこの後、われわれはいかに歩むのか。その決意を求められる時である。全教は今、「ようぼく躍進地方講習会」を終えようとしている。ようぼくの躍進と実動をもって、本講習会の成果とされるのである。おぢばからの旬《しゅん》の声を受け、体力をつけて二十世紀最後の年への踏み出しとせねばならない。

ご用に役立ったか

立教162年12月19日号

毎年のことながら年末になると、一年の回顧や反省が話題となり、人それぞれ感慨にふけることになる。

ところで、この時期にいつも思い出すことがある。それは、ある年の本部十二月月次《つきなみ》祭《さい》が終わった直後、本部会議所で前真柱様が仰せられたお話だ。その大意は、こうである。本席・飯降伊蔵先生は入信してわずか半年しかたっていないのに、その年末には秀司先生やこかん様にこよなく頼られておられた。このことから「銘々もだれかに頼られ、役立った一年であったかどうか省みてみよ。そして、居るのは居てもよいが、邪魔だけはするなと言われたような人は、来年こそしっかり頑張れ」と、ユーモアを交えてお仕込みくださった。

一年は長いようで短い。人は皆それぞれに働いてはみたものの、顧みれば悔いも残っていることだろう。しかし悔いのない人などいるのだろうか。自らに厳しく謙虚に反省する人ほど、至らぬところを多く見いだすのではないか。人は通常、二種類の悔いを持つといわれる。つまり、ああもしておけばよかったという思いと、あんなことをしなければよかったという後悔である。人間とはそういうものなのだろう。だが、やってしまったことは元に戻らないし、やり足りなかったことも、今となっては手遅れであることが多い。いつまでくよくよしていても始まらないと来年に期すが、これが例年のためしというのではいささか恥ずかしい。だが、何ら反省なしの極楽トンボというのもいかがなものだろうか。

こうして人は去る年を送り、来る年を迎える。今回は西暦二〇〇〇年。新しい千年紀ということで、例年よりも何か年越しの山が高いように感じる。折からコンピューターの二〇〇〇年問題も絡んでにぎやかなことである。とにかく騒がしい年越しを間近にして、振り返って悪《あ》しきを省み、良きを来年につなぎたいと思う。例年のことながら。

不思議な正月

立教163年1月16日号

何とか無事、年を越したというのが新年の感慨だ。振り返れば何と騒々しい年越しであったことか。「コンピューターが誤作動するのでは」との大合唱に、一体何がどうなるのかと尋ねられ、困った人も多かったろう。またやいやい言われ、非常食や物品を買わされるなど、災害襲来の予告に恐々としたような年の瀬であった。

月の終わりをみそかと言い、年の最後の日を大みそかと呼ぶ。十二月三十一日から一月一日への移行は、毎日の日変わりと何ら違わないが、年が変わるということは、やはり大きな区切りである。昔から年越しと正月は、それぞれの国や民族のしきたりや習俗によって迎えるものだが、今回の年越しは、国や民族をおしなべて一つの緊張に包んでしまった感があった。

こんなことはかつてなかった事態である。何がどう現れたり、停滞したり、暴走したりするのか、あるいはしないのか。予想はつきかねたが、日時だけははっきりしている妙な予告であるから、用心しろと言われても、もう一つピンとこなかった。しかし「かたずをのむ」という言葉がちょうどぴったりくるような感じで、多くの人が待機したり、不安を感じたりした。事実、何万という人々がその瞬間の不測の事態に備え、待機したり徹夜の働きをした。誠にご苦労さまと、おねぎらいを申したい。

まずは、大災害や大事故がなかったことを祝うべきであろう。済んでしまえば、何だ大層に言って備蓄の買い物をどうしてくれるのかと、ぼやく向きもあるかもしれない。けれど用心というものは本来、無駄になって良かったのであり、備えが役に立つ時は危機に直面したり遭遇しているということだから、空振りの無駄をしも喜ぶべきではなかろうか。「転ばぬ先のつえ」は、平時は邪魔な物である。そういう意味で今年は、また別のおめでとうが加わる、不思議な正月であった。

折節のけじめ

立教163年1月23日号

恒例のお節会《せち》も済んで、はや松飾りを取る小正月となった。ところで正月といえば、筆者の幼少のころは「もういくつ寝るとお正月」などと待ちわび、新品は大事にしまっておいて、新年とともに使い始めたのを思い出す。大みそかは散髪屋も徹夜営業で、髪もととのえて元日を迎えた。ほとんどの家が大忙しのうちに万事一新の気分で正月を迎え、家族の間でも改まってあいさつを交わしてから、祝いの膳《ぜん》に向かったものである。

しかし近ごろは、そんな大層な仕切り気分はだんだん見られなくなったようだ。年始回りも各家の祝い事も随分と簡略になった。むしろそんな面倒なことはやめて、大いに休日を楽しむ方向に動いている。そういえば雑煮さえ作らない家が増え、ファミリーレストランは正月から大にぎわいとか。変わらないのは年賀状ぐらいか。これとて、平素のご無沙汰《ぶさた》を一挙に帳消しにする利便さがあるにすぎないからだろう。

これが時代の流れと言えばそれまでだが、文化や習俗はそういう折節のしきたりや型の中にこそ保持され、継続されていくものではないか。しきたりや約束事は本来、面倒で堅苦しいものである。時には意味合いが忘れ去られ、形だけが残って「何でこんなことを」と思うことも少なくない。事実、剣道や柔道にも型があり、学生時代には「形式張って面白くもおかしくもない。早く練習に入ればいいのに」と思ったことがある。しかし、型こそ基本であり土台である。崩してはならぬ約束事でもあろう。型があって初めて〝術〟は〝道〟といわれるものになったのではないか。

面倒なしきたりや約束事は一切やめてしまおう、というのはいかがなものだろう。長年続いてきたものは、やはりそれ相応の意味がある。めりはりのない暮らしは気楽だが、どうにも味気ない。年に何回かの折節には、裃《かみしも》を着て、けじめをつけるのも悪くはないと思うのだが。

落とし穴

立教163年1月30日号

ワープロを使うようになってから、漢字を思い出せないという人が結構いる。それも難しい漢字ではなく、日ごろよく使う字が浮かんでこない。

筆記用具で書く時は頭で字を考えて書くが、ワープロでは読みを入力すれば漢字に変換してくれる。同音異義語も次々と画面に出てくるから、その中から選択すればよい。問題は、選択する際にある。思惑の文字や熟語が画面に出たら、つい「ああ、これだ」とうれしくなって次に進む。誠に便利極まりない。しかし、こうしたことを繰り返しているうちに字を忘れ、筆順も怪しくなる。また、とんでもない当て字を使ってしまう。だれかがワープロ操作は老化防止になると言ったが、こと漢字に関してはあまり当てにならない。

それでもワープロの場合は、できた文章を印刷して、あらためて目を通す時に間違いを訂正できる。手紙の場合も封筒に納めて投函《とうかん》する間に、思い直しも可能だ。ところが電子メールは画面上で書き上げたら即刻、相手に送信する。また不思議なことに、早く送りたい気分になるから難儀だ。しかし間違いを発見した時はすでに送信済みで、取り戻せないという場面さえままま起こる。座右に辞書を置き、労を惜しまずに確認していた時にはなかった危うさが生じている。軽いキータッチで何もかもできる時代なればこその落とし穴だ。

司馬遼太郎氏が出版社へ送った原稿の末尾に、手元に辞書がないのでそちらで調べてくださいと書かれていて、担当者は驚いて直ちに辞書を届けたという逸話があると聞く。実は辞書はないわけではなく、ぼろぼろになって使い物にならなかったということだ。本来、酷使に耐えるように製本されている辞書がぼろぼろになるまで使い込まれたことに、文筆を業とする人のすごさを感じる。顧みて、筆者の机上の辞書がいつまでも奇麗なのは誠に面目ない。

惹《じゃっ》句《く》の戒め

立教163年2月6日号

　先日、手紙に〝矢折れ刀尽き〟などと書いて、ある人へ送ってしまった。言うまでもなく「刀折れ矢尽き」の間違いである。世に俚諺《りげん》や警句、決まり文句といわれるものは数多い。それらを引用することで文章に彩りを添えることができ、気の利いた物言いになる場合も少なくない。また結論的な締めくくりにもなるので、確かに重宝だ。ところがこれがくせ者で、使い方に気を付けないと思わぬ落とし穴になる。

　ある大学教授が、教え子の結婚式への参列を請われた。そのお願いの電話で「先生にご臨席いただけたら、こんな光栄なことはありません。〝枯れ木も山のにぎわい〟と申しますから」と言われ、しばしあぜんとしたという。もちろん教え子は「錦上《きんじょう》花を添える」のつもりであろう。

　言い間違いなら、失礼はともかくとしてまだいい。例えば「あすと言わず、きょうから……」と言うべきところを「きょうと言わず、あすから……」と言って、本人は気付かないというのはよくあること。これなどは、ご愛敬《あいきょう》で済むのだが。

怖いのは思い込みである。言葉の意味を全く違って解釈し、しかもそう思い込んで使っている場合である。筆者も先般このコラムでそれをやって、読者からご指摘を頂いた。以後も知らずに使っていたらと思うと、今でも顔が赤らむ。人生どこまでも勉強と、今さらながら不明を恥じ、ご指摘に感謝した次第である。

どんな名言も警句も、意味を間違えて使ってしまっては、話全体がおじゃんになる。まさに「九仞《じん》の功を一簣《き》に虧《か》く」を地でいくことになりかねない。戒むべし、戒むべし。

無　駄

立教163年2月13日号

不況のせいか「もっと消費を」という風潮だ。が、正直なところ、日々の食料以外に無ければ暮らせない物は思いつかない。何が何でも発展拡大しなければいけないのか、いまや一考も二考もするべき時が来ていると思う。

かつて普請の時、婦人たちが盛んに押し入れの設置を要望したことがあった。相談に乗っていた設計士はついに「仰せ通りにすれば、押し入れのスペースはこれだけになります。これを坪単価で割り出せばン万円です。ここに入れる物が、果たしてそれに匹敵する価値のある物ばかりでしょうか」と言い放った。何度も住宅設計をして、家族とやり取りしてきた経験からの言葉だろうが、あらためて無駄をなくす暮らし方について考え直す必要がありそうだ。

例えば毎日のように増え続ける資料や文書で、机上や周辺が雑然となることは多い。油断をすれば、あっと言う間に紙の山。そしていざという時には、肝心の求める物は見付からない。さりとて思い切って捨てられないのが悩みでもある。そこで整理術なる言葉が生まれ、そのノウハウ本も多い。また簡素生活の勧めなどという本も出ている。筆者も何冊か熟読し、実行してみたが、なかなか本の通りにはいかないものだ。その中でも特に印象に残り、また実行してみる価値があると思うものを、参考までに二、三挙げてみよう。

まず水際作戦である。余計な物を持ち込まない。部屋に置く前に処分せよ。次に、買いたい物を見たら、本当に欲しいのか必要なのかを十分考えよ。それから、時たま大整理をして疲れ果てるより、机の前を立つ時、物を触った時など、ついでにその周辺の片付けや整理をしておく習慣を身に付けよ、等である。この三項目はやってみて効果があったので、これからも続けていこうと思っている。

父の晴れ姿

立教163年2月20日号

近ごろのテレビ番組はつまらない。それでも時には感銘したり、考えさせられる企画もあるので、茶の間からテレビを追放できないでいる。先日、子どもに父親の働く姿を見せる番組があった。子どもは父親が真剣に働く姿を見つめ涙ぐんでいたが、その顔はいかにも誇らしげであった。

今の時代、職住一体は珍しい。親たちが汗をかき、つらいことにも耐えて奮闘している表の姿を、子どもはほとんど見ない、いや見られないのが常だ。子どもはそういう親の表の姿を知らずに、裏のみを見せられる。表あっての裏、緊張あっての緩和なのだが、あまりにも裏ばかりを見せられると「なんだ、この人」ということにもなりかねない。

小学校低学年の児童に「お父さんのお仕事」という作文を書かせたら〝僕のお父さんのお仕事は昼寝です〟と書いた子があったという。実はこれ、ビルの夜間警備の仕事をしている人の話であった。父は子どもの寝顔を見て出勤し、子どもが学校から帰るころには父が徹夜の疲れを休めていたという次第。大勢の社員が自宅でまどろんでいる時、数人で大きなビルを夜通し守る父親たちの仕事ぶりを見たら、この子はきっと胸を張って「お父さんは会社を守っています」と書いたであろう。

大人の苦労は子どもには見せぬというのは愛情かもしれないが、お前たちのために父さん頑張っているよ、というのも大切ではないだろうか。その子だってやがて家族を養うのだから。また、父親の頑張る姿を子どもに知らせるのは、母親の大事な役目でもある。詩人の萩原朔太郎は「父は永遠に悲愴《ひそう》である」と書いたが、決して永遠に悲惨であってはならない。

生きがい

立教163年2月27日号

喜怒哀楽という言葉がある。もとより個人が時々刻々に抱く感情なのは言うまでもない。ところが、落語家の笑福亭仁鶴さんは「人の成長に重ねてみてはどうか」と言っている。なるほど面白い意見だ。幼年は喜で、常に遊び戯れる時期。青春期は正義感をもって不正に憤怒し、まなじりを決して学業や仕事に向かう。壮年になると落ち着いた哀《あい》憫《びん》の情を解する人に。そして老境に至っては楽しみを満喫できる境涯で、生の終わりを飾りたいものだ、と。

彼は言う。老人が「孫にせがまれてプラモデル作りや」とぼやいたり、「孫の所望で寒いのに動物園行きや」と愚痴るのは、実は楽しさの裏返し。こういう楽しさを与えるのがむしろ大切。小遣いや物を渡すのも結構だが、人や家族とふれ合う楽しさが、老人にとって何よりも生きがいとなる。

年寄りとの付き合いは決して楽ではない。自慢、繰り言、回顧が続く上に、老いの一徹が加わるから始末が悪い。その点は筆者もその一人だから、自信をもって認める。けれど家族のため、長い間働いた人たちである。よそで聞いた話だが、老いた祖母を邪険に扱う母に、孫娘がポツリと言った。「ママが年取ったら、同じようにしてあげようっと」。何とも皮肉で悲しい話だ。明日はわが身であることを、だれしも忘れてはなるまい。

老人医療に二十年来取り組んできた堀川病院長の早川一光氏は「物や金ならまだ捨てても許されよう。しかし人間は、親は、兄弟は、使い捨ててはならない。老いても、ぼけても」と言う。介護制度の整備は重要であり、急ぐべきであろう。が、それとともに家族や身の回りの人に対する意識の見直しも、急がねばならない。

かわいい子には旅をさせよ

立教163年3月5日号

世のさまが変わると、ことわざの意味が変わることもある。「かわいい子には旅をさせよ」とは、旅をつらいものの代名詞とし、子をたくましく鍛えることの大切さを説いたものだ。ところが今では、子どもを甘やかす意味にとられてしまいかねない。

もともと旅は苦しいものだった。昔、防人《さきもり》などが任地へ赴く時は、決死の覚悟であっただろう。近世になっても芭蕉の「蚤虱《のみしらみ》馬の尿《しと》する枕《まくら》もと」（奥の細道）の句にあるように、街道は整っても、旅の宿は随分ひどいものであったらしい。

現在では旅は行楽であり、移動自体も楽しみで、食べ物や着る物も日ごろからすると一段上のものを求める。旅には煩雑な日常からの一時的な脱出の意味があり、非日常の体験が目的の一つでもある。旅館はその好例だ。掃除の行き届いた客間。床の間には軸と花。生活のにおいのするものなど一切置いていない。これがいい。主婦にとっては、台所に立つ必要のない〝上げ膳《ぜん》下げ膳〟が旅の良さ、とおっしゃる向きが多い。さもありなんと思う。

それなら、近ごろ若者に人気のアウトドアはどうなのだろう。炊事道具から材料まで持参しなければならず、平素の生活より数段厳しい。しかし、スイッチ一つで万事オーケーの生活に慣れ切った現代の若者には、これこそ非日常である。薪《まき》を拾って煮炊きをし、川辺で食器を洗うことが逆に楽しさとなるのであろう。しかも、災害時のライフラインの切断に備える訓練になる。そう考えると、時代とともに世は変わっていくが、このことわざの解釈は本来の意味に戻るのかもしれない。

今こそ神にもたれて

立教163年3月12日号

ある評論家の文章に、「ここ数年は、信じてきたもの、安心してもたれられると思っていたものに見事に裏切られた」とあった。そう言われれば、確かにそんな感じがする。まず政治、経済が思い浮かぶ。かつてないほどの大量得票で当選した知事が、予想もできないことで失脚し、大きな失望感をもたらした。科学の最先端をゆき、安全には万全を期しているはずの原子力関連の燃料製造過程にずさんなミスや手抜きがあって、周辺住民に多大な危険が及んだ。つぶれることはないと長らく信じてきた銀行も、決して安心できないことを見事に演じてくれた。大企業もいつ倒産するか分からず、一方で終身雇用制が見直され、家族を犠牲にしてまで忠勤を励んだ会社から、無残にもリストラの対象とされる。揚げ句の果てには治安を守ってくれるはずの警察までもが外部に厳しく身内に甘く、数多くの不祥事に揺れる姿にあぜんとさせられた。

こうなったら肉親だけが頼りかと思っていたら、実の子に保険を掛けて殺害する親が現れる。昨年一年間で、児童虐待が原因で死亡した子どもは三十八人に上り、うち九割は六歳未満という。「信ずる親に未来ある生命を絶たれる子どもの無念」うんぬんの判決文は、裏切られた子どもたちの叫びを代弁している。しからばと人間不信から神仏に目を向けても、不穏危険な集団や奇怪千万なものが横行する。全く何を信じ、何に安心を求めればよいのか。けだし世紀末と言われるのも、むべなるかなである。

こういう時代だからこそ、あらためて元なる神、実の神にもたれて通る揺るぎない確かさ、ありがたさをかみ締めるとともに、胸を張って誠の道を人々の心に映す実動に励みたい。

おやさとの春

立教163年3月19日号

立春以後の寒さに震えたが、今年もおぢばにようやく春が来た。何といっても春は良い。おぢばの春は「学生生徒修養会」の梅の香に始まり、「春の学生おぢばがえり」の桃花で若やぐ。続いて天理学園の新入生が、桜吹雪を浴びて校門をくぐる。そして今年は婦人会創立九十周年で、おぢばの陽春はいやが上にも燃え上がる。

人生を四季にたとえれば、学生時代は早春期。彼らの姿は、早春の親里によく映える。近年は学生生徒修養会、春の学生おぢばがえりのいずれも参加者が増え、しかも友を誘っての参加が多いと聞く。誘われた中には、初めておぢばへ帰った人も多いだろう。お道の話に接するのが全く初めてでも、真剣に聴くうちに教えの深さや尊さに感銘を受け、信仰に入る人も出てくる。つまり、にをいがけの大きな場ともなっている。

身上《みじょう》・事情の人を訪ね歩いての布教とは、違った形のにをいがけが増えている。夏の「こどもおぢばがえり」に際しての友達同士の勧誘、ゲートボール大会における老人パワーしかりである。身上や事情に苦しむ人々へのおたすけは常に布教の本筋には違いないが、子どもから若者、そして老人まで、身近な友や壮健な人を気負いなく誘える意義も大きい。

おぢばは、誘われて帰る人もさることながら、人をいざなって帰った人には、懐かしさとうれしさが一段と深まる所だ。そして、成人の階段を一つ上った自分をそこに発見する。ありがたいことだ。今年も早春の神苑は、若人の歓声に華やいでいる。「春の苑《その》紅にほふ桃の花　下照る道に出《いで》立つ乙女」（大伴家持『万葉集』）。古今、大和の春は良い。

人生大切

立教163年3月26日号

「浮世の月見過ごしにけり末二年」とは、かの井原西鶴五十二歳の辞世の句である。当時は「人生五十年」といわれた。織田信長が好んだ謡曲の『敦盛《あつもり》』にも「人間五十年、下天のうちをくらぶれば、夢幻《ゆめまぼろし》のごとくなり」うんぬんとあるが、実際は明治の半ばに至っても、日本人の平均寿命は四十歳余りだった。男女とも八十歳に及ぼうとする現在と比べれば、何と短い人生か。しかも西鶴は、この五十年の生涯さえも「我には余りたるに、ましてや」とさえ書いている。

西行法師は「年たけてまた越ゆべしと思いきや命なりけり佐夜《さよ》の中山」（『新古今和歌集』）と詠んでいる。人生の善しあしは、単に長短だけでは測れない。いかに生きたか、いかに限りある命をいとおしんで暮らしたかに意義があると思う。かつては「命短し」として、若くから中身の濃い人生を求め、多くの仕事を成し遂げ、きょう一日の生命に深い感謝を込めて生きた人が多かったように思われる。

それに比べて、今や世界一の長寿国になった日本だが、そのことの尊さを人々はどれほど深く感じているであろう。この長命を自然の成り行きや当然の事のように思い誤って、無為な過ごし方をしたり、慎みのない生き方が巷《ちまた》にはびこってはいないだろうか。長くなったからといって、水を加えたスープのように希薄な人生を過ごしてはなるまい。

長命になったとはいえ、しょせん人は限りある身であり、しかも〝明日ありと思う心の仇桜《あだざくら》〟であることは、昔も今も変わらない。お互い〝夜半《よわ》の嵐《あらし》〟にうろたえぬ今日を過ごしたいものだ。

あとがき

上田嘉太郎社長からの依頼に断る術《すべ》も知らず、「和楽」をお引き受けして立教百六十二年の年頭から一年有余、六十回にわたって天理時報の紙面の一部を汚しました。

短文で何でも良いという言葉につい乗った浅はかさ。短文こそ難しいことをしみじみと知りました。ある人が「五分間のスピーチなら一カ月前から言ってくれ。十分の講話なら一週間の余裕をくれ。一時間なら今すぐやる」と言ったといいます。小生のはそんな大層なものではありませんが、言い重ね、裏打ち、婉曲《えんきょく》の余裕がなく、あっと言う間に字数が切れます。

寸足らず舌足らずの駄文をもって貴重な紙面を汚したその罪軽からず、ただ多謝あるのみです。

このたびこれを一冊に纏《まと》めてくださるとのことで恥の上塗りを憂うことしきりではありますが、「ああ、こんな考え方もできるな」とお思いくださる方がお一人でもあれば、もって瞑《めい》すべしと思っています。

小生自身は良い勉強をさせてもらいました。追われるのが嫌いな性分なので、常に先回りしようと思うと、何を聞き、何を見ても興味がわきました。おかげで老化も少しは執行猶予になったのではないかと感謝しています。「それならまた書け」と言われたら困りますが……。

それにしても、ついぞ一行も原稿用紙にペン書きしなかったことに気付き、少し驚いています。これでは「執筆」ではなく「入力」で、「筆者」ではなく「打者」です。辞書も引用文献もほとんど画面上で検索できました。大変な時代になったものです。

終始励ましてくださった上田社長はじめ関係の方々、特に担当の澤田芳昭氏に心から感謝いたします。

最後に、パソコンにも感謝を込めて、文字キーを万遍なく一巡すると、やはり人生達観の「いろは歌」になります。

「色は匂《にほ》へど散りぬるを我が世誰《たれ》ぞ常ならむ有為《うゐ》の奥山今日越えて浅き夢見じ酔《ゑ》ひもせず」合掌。

立教百六十三年九月

永尾隆徳

永尾隆徳 ながお・たかのり
昭和３年(1928)生まれ。
昭和19年(1944)おさづけの理拝戴。
昭和24年(1949)天理教校本科卒業。
昭和34年(1959)西陣大教会４代会長就任(平成３年まで)。
昭和54年(1979)本部准員。
昭和55年(1980)道友社長就任(昭和61年まで)。
昭和56年(1981)別席取次人。
平成３年(1991)韓国伝道庁長就任。
平成６年(1994)本部員。

和《わ》 楽《らく》

立教163年(2000年) 9月26日　初版第１刷発行

著 者　永《なが》 尾《お》 隆《たか》 徳《のり》

発行所　天理教道友社
〒632-8686　奈良県天理市三島町 271
電話　0743(62)5388
振替　00900-7-10367

TENRIKYO DOYUSHA

印刷所　株式会社天理時報社
〒632-0083　奈良県天理市稲葉町 80

ISBN 4-8073-0464-X
定価はカバーに表示